U0906318

儒商管理学

CONFUCIAN MANAGEMENT

周北辰 ⊙ 著

中国发展出版社
CHINA DEVELOPMENT PRESS

图书在版编目（CIP）数据

儒商管理学/周北辰著．—北京：中国发展出版社，2014.5
ISBN 978-7-5177-0153-8

Ⅰ.①儒…　Ⅱ.①周…　Ⅲ.①儒学—应用—企业管理—研究　Ⅳ.①F270

中国版本图书馆 CIP 数据核字（2014）第 074630 号

书　　名：儒商管理学
著作责任者：周北辰
出 版 发 行：中国发展出版社
（北京市西城区百万庄大街 16 号 8 层　100037）
标 准 书 号：ISBN 978-7-5177-0153-8
经　销　者：各地新华书店
印　刷　者：三河市文昌装订印刷厂
开　　本：700mm×1000mm　1/16
印　　张：13
字　　数：150 千字
版　　次：2014 年 5 月第 1 版
印　　次：2014 年 5 月第 1 次印刷
定　　价：35.00 元
联 系 电 话：（010）68990535　68990692
购 书 热 线：（010）68990682　68990686
网 络 订 购：http：//zgfzcbs. tmall. com
网 购 电 话：（010）68990639　88333349
本 社 网 址：http：//www. develpress. com. cn
电 子 邮 件：10561295@ qq. com

“管理”是人类最重要的社会活动，一切管理活动都是在特定的管理思想和管理模式中进行的。人类文明史上，从来不存在抽象的“管理”，一切管理都是特定历史文化环境中对特定人群的管理，不同的文明形态有不同的管理思想及管理模式。

管理模式是特定文化精神发用的结果，是其文化精神价值具体落实为可操作模式而形成的“治理结构”。儒家文化作为一种“入世间法”，在数千年的历史上，由孔子为代表的无数往圣先贤，共同创造和积累了丰富而深厚的管理思想，有着系统的管理理论和博大精深的管理智慧。中国文化的复兴及中国现代化建设的成功与否，关键就看中国式的“治理结构”能否形成，而管理模式则是“治理结构”形成的关键所在。

改革开放30年来，中国的经济建设是在“拿来主义”和实用主义思想的指导下，在以GDP为核心诉求的“简单发展观”主导下进行的。中国的管理模式与制度体系基本是照搬西方，没有形成自己的管理理论及管理模式。

100多年来所形成的反传统的文化激进主义，掏空了中国现代企业管理的文化价值基础，捣毁了中国现代商业文明模式建构的文化软实力资源，使中国的企业管理及企业文化建设成为无源之水，无本之木。因此，要建构中国式的管理制度及企业文化，要建构中国式的商业文明模式，就必须复兴民族传统文化，从民族传统文化中培育并提炼出中国的现代商业精神，并形成相应的“治理结构”。

返本方能开新！儒家文化是中国的主流传统，复兴传统就是要复兴以孔子为代表的儒家文化的根本精神和价值。要以孔子思想和儒家传统的根本义理作为中国企业文化建设与管理模式建构的价值基础。只有依托2000余年的儒家传统及其智慧资源，重建儒家天道性理的信仰，进而重构现代商业文明的核心价值体系及伦理道德规范，并在此基础上教化培育出具有“士魂商才”的现代儒商人格，夯实软力量基础，才能创造出具有中国特色的管理模式，从而形成良好的社会治理结构。

中国现代的商业精神就是“儒商精神”，中国现代企业管理模式就是“儒商管理模式”。儒商精神是儒商管理模式的文化软实力，其中包括：儒商的信仰体系、核心价值体系、伦理道德规范及理想人格。儒商管理模式则是儒商精神具体发用而形成的具有中国特色的“治理结构”。儒商管理模式是具有中国特色的企业管理模式，是真正中国式的管理模式。儒商管理模式是在“儒商精神”这一文化软实力基础上，吸纳西方现代管理的合理价值和资源，经过返本开新的创造而形成的，是超越西方经典的新型管理模式。儒商管理模式的形成，对于中华文明的“现代转型”及人类社会的可持续发展具有特殊的重要意义。

儒商管理模式的建构，标志着中华文明由传统“农耕文明”形态向现代“商业文明”形态正式转型的开启。近代百余年来，我们通过思想文化运动及社会政治革命，完成了“民族救亡”

的历史使命，但我们始终没有能够实现中华文明的“现代转型”。这个“转型”，难就难在它不是简单的“移植”或“拿来”，而是返本开新的创造。百余年来，我们只是简单抛弃了自己的文化传统，照搬西方文明成果，没有进行立足于民族精神价值的“文化创造”。

“民族救亡”需要的是悲情、牺牲和奉献，需要的是革命的激情和理想。而“文明转型”则需要理性、冷静的“文化创造”。这不仅要有开放包容的心态，还要有“加减乘除”的文化保守主义智慧。“全面反传统”和“全盘西化”的文化激进主义，都是文化的“革命”，而不是文化的“创造”。中国文化的“现代转化”也好，“创造性转化”也好，不能仅仅停留在一种“言说状态”，而应该落实为因时应世的文明模式建构的努力。这是当今时代作为一个学人应有的责任和使命。

“圣者尽伦，王者尽制”。儒家的根本义理和精神，必须要通过王道政治的实践活动，通过“改制立法”的创造性活动落实成为制度模型并形成相应的“治理结构”。儒学是实践之学——是生命实践之学和社会实践之学。圣者尽伦，是生命实践，其目标是希贤希圣以希天；王者尽制，是社会实践，其目标是创建王制。王者尽制，必须通过社会政治实践来完成，通过“改制立法”的形式来实现。改制就是要创立体现王道精神内涵的新的管理制度和管理模式。在当今时代，企业管理就是“齐家”，是“治国、平天下”王道事业的基础。儒商企业“王道管理模式”的创建，是在现代商业社会按王道精神价值“改制立法”的重要举措，其对于儒家文化“现代治理结构”的形成有着重大意义。

儒家文化是一个开放而不是封闭的文明体，要完成具有中国特色的管理模式建构，就必须返本开新，综合古今中外一切有益的经验，以博大包容的精神，吸纳一切资源和智慧，形成一种大布局、大综合、大创造。要用冷静理性的设计来进行中国现代管理模式的“创制实践”。要把天道性理——把王道精神和理念落实下来，变成现代企业管理中的“王制王法”，从而形成中国式的商业制度架构和企业管理模式。

本书阐述的儒商企业“王道管理模式”，虽然还显得较为初级，但却是立足儒家传统文化精神，进行现代“创制实践”的尝试，是一种“文化创造”的努力。但愿这一努力和尝试能为中华文明的“现代转型”奠一石之基。

周北辰

孔元2565年2月20日

西元2014年3月20日

目
CONTENTS
录

第 1 章

儒商管理模式

商业文明的八要素

商业文明作为人类文明的现代形态，跟人类文明史上其他的文明形态一样，都是一个有机体，都是由相互关联的各种文明要素构成。传统的中华文明是农业文明，现代西方文明是商业文明。在人类文明史上，中国人把农业文明建构得非常完善，而西方人则在数百年的历史上，把商业文明推向了极致。在传统中国，商业只是农业文明形态中一个非主导的元素，从社会构成来看，士农工商，商人排在“四民”之末，农业成为社会生产的主导方式。所以，传统中华文明是农业文明而非商业文明。

现代商业文明模式是由西方文化发展而来，是西方文明现代化的历史逻辑结果。所以，现代商业文明模式实际上就是西方文明的现代形态。西方现代商业文明模式由以下八个文明要素构成。

信仰体系——核心价值——伦理道德——理想人格

器物工具——科学技术——政法制度——管理模式

这八个文明要素相互依存，缺一不可，从内到外，由质到文，共同型构了西方商业文明模式，从而使现代商业文明成为一个有机的整体。其中，前四个要素：信仰体系、核心价值、伦理道德、理想人格，属于现代商业文明的软实力；后面四个要素：器物工具、科学技术、政法制度、管理模式，属于现代商业文明的硬实力。

软实力是硬实力的根本和源头，是硬实力的基础。没有软实力，硬实力就成为无源之水，无本之木。而硬实力则是软实力的具体“发用”和“物化”。软实力是隐性的文明要素，硬实力是显性的文明要素；软实力为“质”，硬实力为“文”；软实力属于精神文明，硬实力属于物质文明。

任何文明形态或文明模式都必须是由软实力和硬实力两个部分有机结合并共同构成。只有同时具备了软实力和硬实力，这个文明形态或文明模式才是一个健全的、完善的、有机的文明体。由此，我们不难看出，西方现代商业文明是一个“文质兼备”、“软硬配套”的有机文明体；是一个精神和物质兼备的文明模式。

现代商业文明与资本主义精神

商业文明作为西方文明的现代形态，具有自己独特的文明构成要素，有自己的软实力与硬实力，是一个系统的、完备的、有机的、自足的文明体系。它有着自己独立的信仰体系、核心价值体系、伦理道德规范和理想人格类型。这四个要素共同构成了现代商业文明的软实力资源。现代商业文明的这种软实力通常被称为“资本主义精神”。

其物质文明，如器物工具、科学技术、政法制度、管理模式等，有着资本主义精神这一软实力支撑。西方民族国家虽然经历了文艺复兴、启蒙运动及现代世俗化运动，但是，他们的“上帝”并没有完全退出公共社会领域。至于国家公民，则90%以上都是基督教徒。虽然历经宗教改革，但基督教信仰并没有在西方国家现代化进程中受到实质性的影响。

在美国，有的中小学课堂禁止宣讲进化论，欧洲的许多学校里挂着十字架，宗教教育作为国民教育的重要内容始终保留着。教堂承担着人格教育和德性教育的职能。许多国家，军队有随军牧师，国家元首就职典礼上要进行宗教加冕仪式。无论是欧洲各国还是北美，教堂遍布城市和乡村，人们每周都要到教堂进行礼拜活动。

西方国家由基督教的信仰传达出了现代商业文明的核心价值体系及伦理规范，并以基督教的宗教教化塑造了其理想人格——清教徒人格。他们认为经商牟利是上帝赋予的神圣使命；投资、经营、理财是使自己的灵魂得到救赎的根本途径。所有的财富都是上帝赐予的，人们应该在对财富的经营管理和增值活动中完成上帝交付的使命。西方著名的企业家如：洛克菲勒、巴菲特、比尔·盖茨等都是著名的清教徒。他们奉行“三拼命”的伦理观：即拼命赚钱、拼命攒钱、拼命捐钱。

案例1　清教徒企业家的人格风范（一）

美国微软公司总裁比尔·盖茨在一次社会公共活动结束后，起身离开现场。当他离开后，突然发现自己喝过的半瓶矿泉水还留在桌上，于是返身回去拿走了剩下的半瓶矿泉水。这时，一个记者看到了这一幕，就上前询问比尔·盖茨：“盖茨先生，你这么有钱，为什么还如此在乎半瓶矿泉水？”比尔·盖茨回答说：

"水，是上帝赐给我们的资源，我们任何人都没有权利浪费它。这瓶水我喝过了，别人就不能再喝了，如果我不喝，这半瓶水就浪费了。就这么简单，这跟我的财富没有关系。"

相比之下，许多中国人有了点钱就不知道自己是谁了，总要通过近乎无聊的奢侈和浪费来炫耀自己的财富，来表明自己"有钱人"的身份，多么可怜！多么可悲！

案例2 清教徒企业家的人格风范（二）

美国石油巨子洛克菲勒生活一向俭朴，从不浪费1分钱。有一次，洛克菲勒因工作原因，在一家酒店连续住了几天。在酒店餐厅里，一个侍者为洛克菲勒连续服务了几天，洛克菲勒给了这位侍者1美元的小费。那个侍者拿着这1美元，抱怨地说："洛克菲勒先生，我要是你的话，就不会只给1美元。要知道，你可是大名鼎鼎的洛克菲勒，只给1美元，你难道不担心这会有损你的名誉吗?"洛克菲勒回答说："恰好相反！正因为如此，我才是洛克菲勒，而你只是一个侍者。为我服务是你的本职工作，你应该靠自己的劳动和智慧去赚取每一分钱，而不是靠别人的施舍。我的每一分钱都必须用在该用的地方。"

清教徒企业家自己生活非常节俭，但他们对于社会公益慈善事业的捐赠却毫不吝啬。洛克菲勒成立了著名的"洛克菲勒基金会"，为社会公益慈善事业做出了巨大的贡献。比尔·盖茨、巴菲特也捐出了自己名下的绝大部分财富。像洛克菲勒、比尔·盖茨、巴菲特这样的清教徒企业家在西方国家比比皆是。

正因为有了基督教信仰，才有了近代资本主义的核心价值体系和伦理道德规范，也才有洛克菲勒、巴菲特、比尔·盖茨这样的清教徒人格。基督教信仰、新教伦理及清教徒人格，这一切共同构成了西方资本主义精神，构成了西方现代商业文明的软实力基础。没有资本主义精神的软力量支撑，其管理模式和制度体系将成为无源之水、无本之木。正因为有了这样的文化软实力资源，有了新教伦理和资本主义精神的支撑，才有了相应的高效率的西方现代管理模式和制度体系。同时，也因为被管理者的清教徒人格，才使其管理模式和制度体系的有效性得以实现。

中国商业文明的危机

相对于西方系统、完备、自足、有机的现代商业文明体系而言，中国的现代商业文明体系由于简单移植于西方，因而明显发育不成熟，不具备系统性、有机性和自足性。既没有现代商业文明应有的软实力，如：信仰体系、伦理道德、理想人格等；也不具备现代商业文明应有的硬实力，如：与本国国情相适应的、与民族传统文化相统一的政法制度与管理模式。故此，中国现代商业文明陷入深深的危机之中。

1. 中国商业文明危机的表现

（1）商业价值性危机

人们为什么经商？为什么赚钱？为什么办企业？中国的商人没有办法回答这种对商业行为的终极追问。由于没有信仰，没有文化，没有精神，我们的商业行为没有了超越神圣的价值目标，没有了崇高的目的和意义。商业行为只是一个纯粹的世俗化牟利行为，经商仅仅是为了满足物质消费欲及对财富的占有欲。对物欲的满足，对财富的占有，成了我们从事商业活动的唯一目的。拜金主义和物欲主义，成了商业行为的唯一动力。

中国现代商业文明的大厦就建构在一片价值的废墟和意义的荒漠上，人们一边追求着物欲的刺激和满足，一边饱受着精神危机的煎熬。中国的商业文明堕入了严重的价值危机当中，没有了形而上的关怀，失去了崇高的目的和神圣的意义。

（2）商业道德性危机

由于商业行为的价值虚无，导致了中国商业伦理资源的枯竭和商业道德规范的缺失。在一个没有伦理道德规范制约的物欲横流的世界，为了利益，许多人什么伤天害理的事情都敢做：背信弃义，过河拆桥，两面三刀，杀鸡取卵，损公肥私，钱权交易，制假贩假，手足相残，无所不用其极。“毒奶粉”、“苏丹红”、“假疫苗”、“瘦肉精”、“地沟油”等屡见不鲜。商业腐败，层出不穷；天理良知，丧失殆尽。在商业活动中，许多人无视天理人情，突破道德底线，禽兽不如，令人发指。中国的商业文明面临着严重的道德危机。

（3）商业人格性危机

由于没有精神信仰，没有价值关怀，没有伦理规范，中国的商业人格不能挺立。现代商业文明所需要的各种商业性人格不能得到培育，从而导致了中国商业文明的人格性危机。中国不缺富翁，满街都是老板和大亨，但却很少有真正意义上的企业家；中国不乏各种专家和技术人员，但却很难找到值得信赖的人才。至于圣人所谓“托六尺之孤”、“寄百里之命”的忠义之士，在中国大地基本上已经绝种了。拜金主义盛行，物欲横流，唯利是图。为了钱，良知可以泯灭，灵魂可以出卖，人性可以抛弃，尊严可以丧失。一句话，面对金钱，人格不能挺立。中国社会堕入到了近乎无可救药的商业人格性危机之中。

（4）商业制度性危机

中华文明由农业文明形态向商业文明形态的转型，虽历时百年，但绝大部分时间都是在进行“文化反思”、“思想改造”、“政治革命”等社会运动。而真正的“文明转型”只有30年的时间。而且，改革开放30年来，也仅仅是在进行“经济发展”，而谈不上进行商业文明模式的总体性布局和建构。30年来，中国一直是在模仿和照搬西方的制度体系及管理模式。

由于文化固有的隔膜，西方的管理模式及其制度体系在中国“水土不服”，遭遇了文化认同危机。在西方被视为高效的管理模式，到了中国就失灵；健全的制度管得了人管不了心；管理老外可以，管中国人不行；员工当面一套背后一套，老板无可奈何；上有政策下有对策；签了合同可以不算数；法院判了可以耍赖不执行……总之，适合中国人的，符合中国国情的，与中国历史文化相统一的，真正中国式的管理制度和管理模式没有形成。中国的商业文明建设遭遇了制度性的危机。

2. 中国商业文明危机的根源

中国现代商业文明的建构是从近30年才开始的，严格说来，改革开放30年，中国也只是在从事“经济建设”，而且是以GDP为目标的经济建设，谈不上现代商业文明模式的总体建构。我们从西方学来了市场经济、科学技术、管理模式等硬力量，但是我们学不了西方的资本主义精神，学不了它的软力量。因为西方基督教文明和中华文明是两个完全不同的文明体系，中西文化之间有着很强的文化隔膜，两种文化有着不同的文化基因。

西方的管理模式和制度体系是其文化精神价值的发用，没有资本主义精神这一软力量的配合，西方的管理模式和制度体系等硬力量很难发挥出应有的效用。

由于百年来反传统的文化激进主义思潮影响，中国人抛弃了自己的传统文化，导致了现代中国文化精神价值和伦理资源的缺失，致使道德规范和道德人格教化缺位。在中国现代商业文明模式建构过程中，出现了文化软实力的空白化，这是中国现代商业文明危机的真正根源所在。

文化软实力的空白化使中国的现代商业文明建构缺乏整体性的布局，中国的商业文明模式未能形成，尚不能成为一个健全的文明有机体。从西方移植过来的管理模式及制度体系不能够跟本土的精神文化价值有机融合，遭遇了文化的排异。致使中国现代商业文明模式的建构过程中出现了一系列的问题：有企业，没有企业文化；有老板，没有企业家；有商业，没有商业精神；有商业人才，没有商业人格；有商业制度，没有商业伦理；有商业文明的硬实力，没有商业文明的软实力。

百年来的“反传统文化”，掏空了中国企业文化建设和商业文明建设的精神价值基础。由于丧失了大根大本，致使中国的商业文明缺乏精神文化价值的滋养，不能健康成长和发展。商业价值基础无法确立，商业伦理资源匮乏，商业道德规范不能建立，理想商业人格难以培育，适合中国国情的商业制度体系和管理模式迟迟不能创生，中国的商业文明模式始终不能建立，致使中国陷入了深深的商业文明危机之中。

“儒商管理模式”是真正中国特色的管理模式

既然我们明白，近代以来全面反传统的文化激进主义与全盘西化的“拿来主义”思想是中国现代商业文明危机的根源所在。那么，我们就不难得出结论：要建构中国的现代商业文明模式，就必须复兴儒家传统文化，加强文化软实力建设，并在重建传统信仰的基础上，建构中国商业文明的核心价值体系和伦理规范体系；用中国的文化精神培育中国式的商业人格。要改变庸俗实用主义和“拿来主义”倾向，挺立中国的商业精神，夯实中国现代商业文明的软实力，并在此基础上对中国商业文明形态进行总体布局和创造，从而形成中国文化的治理结构，创建出中国特色的现代商业制度体系与管理模式。

儒家文化是中国的主流传统，是中国文化的源流所在。因此，复兴儒家传统文化是中国现代商业文明建设的必由之路。中国的商业精神只能是“儒商精神”，中国特色的管理模式只能是“儒商管理模式”，中国的商业文明模式只能是“儒商文明模式”。

“儒商精神”包括：以儒教为主体的民族信仰体系；以儒家义理为基础的核心价值体系；以儒家德目为基础的商业道德规范体系；以儒家士君子为典范的儒商理想人格。作为中国现代文化软实力的“儒商精神”，将与现代西方商业文明资源相结合，发用出中国现代商业制度体系和企业管理模式——儒商管理模式。

“儒商精神”是中国“文化立国”战略的软实力资源，“儒商精神”的培育和“儒商管理模式”的建构是中国现代商业文明建设的重要内容。“儒商精神”能否培育？“儒商管理模式”能否建立？将是中国“文化立国”战略目标得以实现的关键所在，也是中国现代化建设成败的关键所在。

没有民族传统文化的参与，就没有坚实的文化软实力基础；没有“儒商精神”的培育，就不可能有“儒商管理模式”的建构；没有“儒商管理模式”的创造，就没有中国文化“现代治理结构”的形成，中国也就不可能拥有现代商业社会的良性秩序。如此，则中国文化的复兴以及“文化立国”的战略目标将会挂空，中国就不可能建设成为一个强大的现代民族国家。

“儒商管理模式”是儒商精神的具体发用，是儒商文明体系中最为关键的文明要素。儒商管理模式是真正“中国特色的管理模式”。儒商管理模式是儒商文明模式建构的核心内容，它的形成，标志着华夏文明由传统“农耕形态”向现代“商业形态”转型的正式开启，标志着以孔子为代表的儒家思想及精神价值在现代社会落实为具体的“治理结构”。

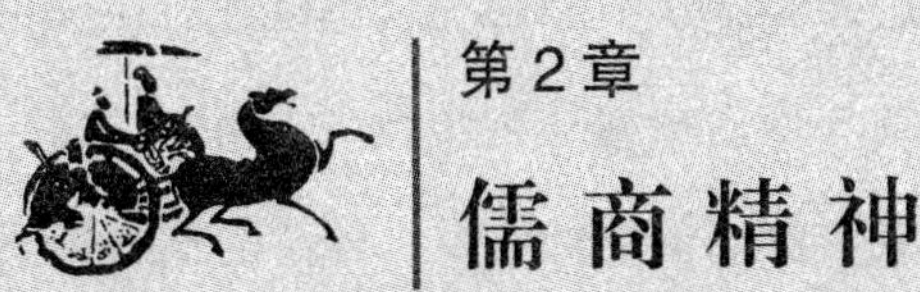

第2章

儒商精神

“儒商管理模式”是中国儒家文化与西方现代管理学相融合的结果，是在复兴儒家文化的根本精神价值，坚守中国文化的本位立场并吸纳西方现代管理成果的基础上，创造性地对中国现代企业管理模式的建构。儒家传统的根本精神和价值，在现代商业社会具体体现为“儒商精神”。“儒商精神”就是儒商管理模式的文化软实力。

有了“儒商精神”这一软实力支撑，具有中国特色的管理模式——“儒商管理模式”才能真正得以创建，中华文明的现代“治理结构”才能形成，中华文明才能成功转型为一个“软硬兼备”的、自足完善的现代有机文明体。

儒商精神作为儒商管理模式的软实力，由下列文明要素构成：儒商的信仰体系、儒商的核心价值、儒商的伦理道德、儒商的理想人格。

儒商的信仰体系

1. 中国的信仰缺失与信仰紊乱

现代中国，是一个没有信仰的国度，又是一个信仰紊乱的国度。近代百余年来，在“民族救亡”这一巨大而充满屈辱和悲情的历史主题重压下，中国近代学人、政治家、社会活动家们都在做着同一件事情：那就是“借思想文化以解决社会政治问题”。他们有一个简单的逻辑：中国落后挨打是因为没有西方的坚船利炮，没有坚船利炮是因为科学技术不发达，科学技术不发达是因为社会政治制度不先进，社会政治制度不先进，是因为没有进步的现代公民，之所以没有现代公民，是因为没有先进的文化。所以，最终得出结论：中国落后挨打，就是因为民族传统文化使然。

因此，近代百余年来，中国才有了由洋务运动，到维新变法，到新文化运动，到社会革命，到国民性改造，到“文化大革命”等一系列的社会政治及思想文化改造运动。在百余年的社会政治和思想文化改造运动中，中国的传统文化遭到生态性的破坏，中国人的精神家园被彻底捣毁。中国人成了没有精神信仰，没有价值关怀，没有文化身份的一个群体。在全球100多个国家中，中国是唯一一个没有信仰的国度，中国人什么都信，又什么都不信。从小到大，我们所填写的若干履历表中，没有一份履历表有“信仰”一栏。

经过“五四精神”和革命精神洗礼过的中国人，把信仰等同于“蒙昧”，等同于“非理性”，等同于“反科学”。另一方面，从江湖术士到气功大师、算命先生，从洋教到各种本土的“会道门”，从正教到邪教，都可以到中国人的精神家园中来任意贱踏一番。当今中国，一方面是信仰的空白，另一方面是信仰的紊乱。

人为万物之灵长，得天恩独厚。人之所以异于禽兽，就是因为人有精神，有灵魂。就本质而言，人本身就是个精神动物，是宗教动物，人生来就有终极关怀和宗教信仰的需求。人不光有物质家园的诉求，也有精神家园的诉求。要同时拥有世俗的物质家园和精神家园，人的身心性命才能够得到安顿。

没有了信仰，人就是精神上的流浪汉，就是行尸走肉；没有信仰，人就会丧失生命的意义和终极的价值关怀；就会沦落成一个纯粹的肉体生命而与禽兽无异。当今中国，一系列的社会问题，都是由于文化精神价值的缺失，由于信仰的缺失而导致的。如：物欲主义、享乐主义、拜金主义盛行；人们心灵空虚，精神颓废，意义失落，孤独迷茫；社会腐败蔓延，道德滑坡；许多人陷入吸毒、酗酒、自闭、自杀等泥潭中不能自拔。

信仰对于每一个人，对于每一个团队，每一个组织，每一个机构，甚至每一个国家和民族而言，都是异常重要的。没有正确的信仰，就没有正确的核心价值观，就没有祥和的精神家园。精神的力量，信仰的力量是任何物质性的力量都不能比拟的。一个军队，没有信仰就没有战斗力；一个政党，没有信仰就会缺乏整合力和凝聚力；一支球队，没有信仰也不可能成为一支优秀的球队。当然，一个企业，没有信仰就不可能做强、做大、做长久。

国民党在北伐战争时期，由于有着坚定的信仰，怀抱理想，打起仗来所向披靡。军阀打不过学生军，因为军阀是一帮名利之徒，学生军都是一帮信徒。后来国民党得了天下，也变成了一群名利之徒，当他们再跟共产党较量的时候，国民党军队就明显打不过共产党军队。因为那个时候，国民党变成了名利之徒，而共产党的军队则是由坚定不移的信徒组成。国民党军队用现大洋鼓励士兵卖命，而共产党军队则用火线入党的方式激励士气。可见，信仰就是一支军队的军魂，是一个政党的党魂。没有信仰，任何一个组织都会丧失凝聚力和战斗力。

案例 3　中国足球不能走向世界的根本原因

人们都知道中国足球很糟糕，但却很少有人知道中国足球糟糕的根源在哪里。中国足球之所以很糟糕，是因为中国足球由一群名利之徒在“玩”。足球官员贪污腐败，足球裁判吹黑哨，足球运动员踢假球等，一个字，就是为了“钱”。为了钱，职业道德可以不要，体育精神可以抛弃，天理良心可以给狗吃。这样的一拨人，怎么能把足球踢好?

我们从电视屏幕上可以看到，很多国外著名的球队上场时都要做简单的祷告仪式；许多著名的球星在关键性地发球时，要在胸前划十字架，并念念有词。因为他们有信仰。这种力量其实就是“精神力量”！没有信仰，没有精神的力量，怎么可能造就一流的球队和一流的球星?

中国的“球星”，在发点球、发任意球的时候，多半想到的是自己这一脚下去能得到多少钱，这一脚下去，房子或者就有了，或者就没了。想多了，脚就不听使唤。所以中国的足球要想真正冲出亚洲走向世界，只有一个办法：虔诚地信仰天地祖先神灵，尊孔崇儒，信奉圣人之道，唤醒良知，挺立道德生命人格。先学做人，再学踢球。人都不会做，球怎么踢得好呢？没有生命人格的挺立，没有良知的唤醒，没有天地祖先神灵的福佑，没有信仰和精神力量的支撑，中国的足球永远都走不出黑暗，迎不来光明。

2. 儒商的信仰体系——儒教

作为一种特殊人格类型，“儒商”有自己独立的信仰体系，那就是儒教。没有信仰，或者信奉儒教以外的宗教，都不能称为“儒商”。一个没有信仰的人即便气质儒雅，即便是个知识分子，或者有比较高的学历，也不能叫儒商，顶多只能叫文化型商人，或者知识分子型商人。

如果有信仰，比如信仰佛教，信仰基督教，信仰伊斯兰教等，也不能叫儒商。儒商是特指信仰儒教的商人，指信仰天地祖先神灵，信奉圣人之道，把儒家的文化精神价值作为自己安身立命的大根大本，把儒教的基本伦理道德规范作为自己生活、工作和经营行为准则的人。既是儒教信徒，又是商人，这样的人，才能称为儒商。儒商的信仰体系只能是儒教，衡量一个企业家或商人是不是儒商，第一个标准就是看他是否是儒教信徒。

儒教是中国的传统宗教，是中国的国教，是中华民族的主导信仰体系。两千年来中国人一直有自己的信仰，那就是儒教。儒教始终是中国的国教，每一个中国人都是儒教徒。传统中国就是儒教中国，中国的传统社会就是儒教社会。中华文明就是儒教文明。儒教渗透到了传统中国的一切社会生活领域，型构了中华文明的基本性格，并塑造了中华民族独特的精神气质。

儒教有系统的教义、经典、庞大的神灵系统、独特的神人交通方式、固定的宗教场所、外在的组织形态、完备的宗教礼仪和制度规范，以及对生死、善恶和对现实与彼岸世界的独立解释系统。昊天上帝、祖先神灵、圣贤神灵、山川河海、风雨雷电等诸物百神都是儒教神灵；天坛、孔庙、书院、家族祠堂等都是儒教道场；祭天、祭祖、祭孔、祭社稷等都是儒教的宗教仪式；“四书”、“五经”等就是儒教的经典。儒教是一个历史悠久，教义博大，仪式丰富，信徒众多，影响巨大的世界性大教。

基督教在中国的传播受到了儒教的巨大影响，他们不仅“儒服传教”，同时还把自己信仰的神灵直接翻译为儒教的至上神“上帝”，把自己的经典《新旧约全书》称为“圣经”，把自己的教名也改称“圣教”。“上帝”、“天父”、“圣经”、“圣教”“圣诞”等，这些本身就是儒教的专用名词和概念，在数千年前的儒教经典中就有明文记载，其知识产权理应归儒教所有。西方殖民主义强盗不仅抢故宫和圆明园的国宝，还抢中国传统文化的知识产权。

传统中国，儒教与社会政治高度同构，没有独立的组织形态，国家组织就是儒教组织，全体国民都是儒教徒。传统社会政治制度解体后，儒教的组织形态也随之解体，新的组织形态尚未建立，儒教因而丧失了安顿人心与教化天下的社会功能。中华民族也因此而失去了精神家园，中国人也因此而变成了精神上的游魂。

要建构中华民族的精神家园，就必须重建儒教；要培育一代儒商，必须重建儒教；要创建中国特色的管理模式，也必须重建儒教。儒教在传统社会可落实为治教一体的“政教形态”，也可以在现代社会落实为法权组织意义上的“教团形态”。没有儒教信仰，就不可能培育出儒商精神；没有儒商精神这一软实力，就不可能有中国特色的管理模式——儒商管理模式。

信仰体系是一切文明形态的核心要素和灵魂，是终极价值的源头所在。通过一系列的改制和创造，创造性地重建儒教现代组织形态，重建中华民族的信仰体系和精神家园，这是中华民族现代化进程中的当务之急，也是儒商管理模式及儒商文明形态建构的首要任务。

儒商的核心价值

1. 义利合一

“义利之辩”是儒教的基本义法，所谓“义利之辩”，就是要辩明“义”和“利”之间的关系。

“利”就是物质利益。在儒家看来，“利”之于人与社会，是有其正面价值的。人们对利益和物质财富的追求是正当的，是符合天理，符合人性的。儒家承认并肯定人们牟利的正当性与合理性。对于百姓，欲“教之”必先“富之”，要藏富于民。儒家认为，治国之道以“富民”为本。儒家倡导“民以食为天”的思想，要为民“制恒产”，认为“富与贵，是人之所欲也”，人们追求物质利益与物质财富是天经地义的事情。人们从事经营活动，经商牟利是符合天道和天理的，是正当的，是天经地义的。

但是，另一方面，儒家也充分透彻了“利”对于人的精神和道德的腐蚀性，对于社会的负面影响。在儒家看来，“利”能够激发人的贪欲之心，能够让人性阴暗面彰显出来，会腐蚀人的德性，摧毁人的灵魂和精神，会“害道”。因此，儒家对“利”保持着警惕，特别重视对“利”的制约。

这表明儒家对“利”的警惕，对“利”的腐蚀性和负面影响看得透彻。尤其是对于士君子而言，于“利”则更是要从价值层面去勘破它、超越它。不能以“利”害“义”，以“利”害“道”。对欲望贪念的抑制和对“利”的超越，是儒家修身的重要课题，是成就士君子人格、提升自己生命境界的必经之途。

“君子义以为上”，义，是儒家传统的一个基本德目，其重要性仅次于“仁”，在儒家文化的语境里常常是“仁义”并称。

> 《礼记·中庸》曰：“义者，宜也。”

“义”是天道天理，是儒家所提倡的一种基本价值，一种根本精神。“义”也是一种社会行为规范和取舍标准。朱子认为“义”是“天理之所宜”。“宜”字是“应该”的意思，“义”就是一种行为规范和取舍标准，强调的是人的行为的正当性、合理性、合法性，要求人们在决策时要充分反省和思考“应不应该”的问题？

儒家虽然肯定人们诉求利益、追求财富的合理性，但却十分重视谋取利益的手段的正当性。儒家不但强调目的之善，也强调手段之善。在儒家看来，善的目的只能通过善的手段来实现，目的与手段是相辅相成的。因此，人们在追求利益的过程中，其行为必须符合于“义”，不能违背天道性理，不能违背儒家的根本价值和精神，不能违背儒家的伦理道德规范，否则就是“不义”。

> 子曰：“富与贵，是人之所欲也，不以其道得之，不处也；贫与贱，是人之所恶也，不以其道得之，不去也。”（《论语·里仁》）

“义”是实现“利”的途径，君子有所取，有所不取，合于义则取之，不合于义则不取。决不能见利忘义，惟利是图，不能为利益而不择手段。圣人曰：“不义而富且贵，于我如浮云。”

人们在追求利益的过程中，其行为要符合天道性理，符合儒家伦理道德规范。对于有违天理人伦的事，有再大的利也不能去取。在义与利相冲突的情况下必须要舍利而取义。绝仁害义之事、不忠不义之事、背信弃义之事都不可为，万不可因其有利可图而为之，要做到“义利合一”。义利兼顾，义利合一，这是儒商的核心价值之一，是儒商做人做事、从事经营活动所必须遵循的根本原则。

案例4　杜甫与房地产开发商

杜甫被后世称为“诗圣”，就因为杜甫的诗中始终饱含着针砭时弊、关爱百姓、兼济天下的情怀。杜甫拥有“先天下之忧而忧，后天下之乐而乐”圣贤般的大情大爱。当自己的茅屋被秋风吹得七零八落的时候，杜甫想到的不是自己，而是天下寒士。在自己丧失栖身之所时发出了千古一叹：“安得广厦千万间，大庇天下寒士俱欢颜”。

杜甫身无半亩，心忧天下。相比之下，许多房地产开发商自己赚得盆满钵溢，却吝于公益，一毛不拔。这两种人格形成鲜明对比。

杜甫代表“义”，房地产开发商代表“利”。杜甫的愿望至今没有实现，因为杜甫的愿望有义无利，不是“义利合一”的。而房地产开发商则有利无义，高房价让绝大多数人望房兴叹，无以安居，于社会无益，也不是“义利合一”的。

杜甫只是儒，不是商；房地产开发商只是商，不是儒。只有儒者的情怀没有外王的事功才干，治国平天下的理想是难以实现的。只会赚钱，唯利是图，而没有兼济天下的胸怀，这样的人，生命人格得不到升华。唯有义利合一，亦儒亦商，才能让天下寒士都能安居乐业，让社会更加和谐。“家齐、国治、天下平”，这是儒者的共同理想，但只有奉行“义利合一”的儒商，才有能力、才有可能把这样的理想转化为现实。

2. 创业垂统

“创业垂统”是儒商的又一核心价值。“统”是企业作为群体延续的一个始终不断、一脉相承的传统。如通常所谓“百年老店”就是一个“统”。创业垂统，意思是说，经商办企业就是创业，就是在现代商业社会“打江山”。企业就是现代商业社会的“江山社稷”。作为现代商业社会的“江山社稷”，一个企业家不仅要去开创，而且要发展，更重要的是，还要让它一代一代地传承下去，让企业成为百年老店，万世基业。

江山社稷，作为基业，世世代代地传承下去，延续下去。在企业的传承和延续过程中，创业者、守业者、开拓者们，其经营行为和创业行为被赋予了永恒不朽的意义和神圣超越的价值。经营行为、创业行为摆脱了简单财富积累的性质，而变得神圣和崇高，变得有意义和价值。

“创业垂统”的核心价值观，是儒教注重“青史留名”，强调“群体延续”和“慎终追远”等特殊教义的具体表现。“创业垂统”就是“齐家”，是治国平天下王道事业的基础。人们通过“青史留名”与“书写历史”的特殊方式，为自己的生命正名，为自己的创业行为寻求永恒的价值和意义。在子子孙孙对于祖业的传承过程中，让自己的生命以血缘传递的方式和群体延续的方式获得永恒与不朽。

千百年后，后世子孙和员工可以缅怀、追忆创业者们的丰功伟绩。这就避免了“人存政举、人亡政息”的状况。企业的创始人、创业者以及对企业的发展开拓有着重大贡献的人，都将进入企业“江山社稷”的历史记录当中，从而使自己的生命获得永恒，使自己在后世子孙和继任者的追忆及缅怀中获得永生。而后世子孙则在对先辈们“慎终追远”的缅怀中接受熏陶和教化。

中国的企业多半都不能做强做大做长久，原因就在于人们把企业当作一个纯粹的经济利益体。从老板到管理人员，到普通员工，大家都为了一个共同的利益目标走到一起来。企业不是一个暖融融的伦理体，而是一个冷冰冰的利益体。人们追求的都是自己的利益，而且是眼前的利益，短期的利益，今生的利益，现世的利益。

在儒家看来，企业不仅是一个利益的结合体，同时，也是一个命运的共同体和价值观的共同体，是一个精神文化的载体。在“创业垂统”的核心价值观指导下，企业才能够摆脱单纯利益结合体的性质和短期行为的状态，从而以更高级的社会组织形态，获得有机的内在生命力及可持续的力量，让企业真正实现做强做大做长久的理想目标。

3. 以财发身

《大学》云：“仁者以财发身，不仁者以身发财。”

小人为了发财，不惜铤而走险，亡身获利；不惜践踏人性，抛弃尊严；甚至罔顾人伦道德，伤天害理。而君子刚好相反，散财于民，兼济天下，用自己的物质财富造福百姓，为天下人谋福利。并在兼济天下的公益事业中使自己的生命境界得以提升，道德人格得以完善。儒商的商业行为也因此而被赋予崇高的意义和神圣超越的价值。

现代儒商须通过自己的“为学工夫”与“践履工夫”，去体会和领悟古圣人之“道”，强学达性，努力修身，提升自己的道德人格和生命境界，成就自己“商界君子”的人格风范，进而“希贤希圣以希天”。要用儒家德目规范自己的行为，在经营管理过程中，完善自己的生命人格。要通过自己的经营活动成就一番事业，作出巨大的事功。要凭借自己的物质财富，用自己的商业成就服务于社会，造福于百姓，为民族的复兴和全人类的幸福作出自己的贡献。

所谓“以财发身”，就是指儒商要勘破财富，超越自我，不为物欲所累。要以“兼济天下”的胸怀，散财于民，做到“博施于民而能济众”。要热爱公益，倾心慈善，以商弘道，以利弘义，在物质财富的创造和博施济众过程中让自己的生命得到升华。只有这样，才能成就“士魂商才”的儒商人格，实现“修身、齐家、治国、平天下”的理想，达至生命的光辉境界。

儒商的理想人格

儒教是人格之教，儒教非常关注道德教化与人格塑造。在儒教看来，人的品格是有等差之分和贵贱之别的。人品等级的划分并不以世俗地位和贫富为标准，而是以道德为标准，以人的德性和生命境界为标准。有德者贵，无德者贱；德高者贵，德不及者贱。根据人的德性及道德人格高低，儒教把人分成若干等级，由低至高分别为：

恶人——小人——常人——君子——贤人——圣人

世间绝大部分人均为常人。常人即普通人，庸常之人，无善德之行，也无败德之行。未能成德，亦不为恶；平平庸庸，利己而不损人，为私而不害公。以无害于人，不损于人，而德性在小人之上。常人，降一格而为小人，进一格则为君子。

常人以下为小人、恶人；常人以上为君子、贤人、圣人。小人与恶人为败德之人，无德之人。小人无德，与恶人相比，其败德的程度较轻，其为患致祸的程度不及于恶人。

君子，是儒教所推崇的现实人格。圣贤人格的生命境界高，常人难以企及。而君子人格则是在现实社会生活中常人都可以成就的人格，是当下可以圆成的生命状态和道德境界。使常人进德为君子，这是儒教教化的重要目标。

君子务本。“本”就是人的生命信仰，终极关怀，身心性命的安顿。这是人作为生命的大根大本所在。所以，君子首先要有信仰，没有信仰人的灵魂就无处安顿，精神无所依持。因而，笃信圣教，虔诚地信仰昊天上帝，信仰天地祖先神灵，信仰圣德王心，这是君子立身行事的重要标志。

君子怀德。以德正心，以德立身，以德律己。处处行善积德，就是士君子之行。

君子好学。君子为学，学人道，学事理，学做人，学做事。总之，就是学做圣人。

圣贤人格是儒教的至善人格。圣贤之人，亦称“大人”。所谓大人，就是大德之人，至善之人。王阳明先生说：

> 大人者，以天地万物为一体者也，其视天下犹一家，中国犹一人焉。（王阳明《大学问》）

大人，胸怀博大，其仁义之心施及天下万物，以天地万物为一体，以天下为一家，无人我之别，无物我之异。其仁，是天地万物一体之仁；其爱，是天地万物一体之爱。大人胸怀天下，涵融万物，吞吐宇宙，大仁大义，大情大爱。

圣人是儒教的最高人格，贤者次之。成圣成贤，是儒教修身的最高目标，这一目标为常人所难以企及。数千年的儒教史上，堪称圣贤的人可以说寥若晨星。何谓圣贤？横渠先生[①]曰：

> “克己行法为贤，乐己可法为圣。圣与贤，迹相近而心之所至有差焉。”（张载《张子正蒙·有德篇》）

贤人与圣人德行一致，但其道德生命的境界是有差别的。能克制自己，法天道循天理而行者，称为贤人。大道圆成，从心所欲，与天合德，以身载道而为世人所效法者，称为圣人。圣人之心即是天心，圣人之性即是天性，圣人之德就是天德。

儒商，是一种复合型人格，既是“儒”，也是“商”，同时具备“儒”与“商”的人格特征，是儒家士大夫人格与企业家人格的复合。“士魂商才”是儒商的理想人格。所谓“士魂”就是有士大夫的灵魂、精神和信仰；“商才”就是有商人的精明和才干。士魂，即儒家士大夫的生命信仰，就是要坚定不移地信奉

---

① 北宋理学创始人之一。祖籍河南开封，徙家陕西宝鸡横渠镇，人称“横渠先生”，封圣贤，奉祀孔庙西庑第38位。

天道天理，信奉圣人之道。要对天地神灵怀敬畏之心，自觉地以儒教作为自己安身立命的精神家园，严格按照儒家的伦理道德规范做人、做事，用儒教的教义作为自己企业经营和管理的大根大本。有士大夫的修为，有儒者的信仰，同时，还能够搏击商海，创业经营，有过人的商业才干，能够通过自己的经营行为造福社会，造福百姓。左手拿《论语》，右手拿算盘，这样的人才是真正的儒商企业家，是儒商的理想人格。这样的人格，是在现实商业环境中通过努力学习、修身能够达至的可为的人格。

案例5 涩泽荣一的经营之道

涩泽荣一（1840年3月16日~1931年11月11日），被称为“日本企业之父”、“日本近代化之父”、“儒家资本主义的代表”。他一生业绩非凡，参与创办的企业有500多家。这些企业遍布银行、保险、矿山、铁路、机械、印刷、纺织、酿酒、化工等日本当时最重要的产业部门，其中许多是世界500强的前身，至今仍在东京证券交易所上市。更重要的是，他热衷于西方经济制度的引进和企业形态的创新，创办了日本第一家近代银行和股份制企业（第一国立银行），率先发起和创立近代经济团体组织。他把来自中国的儒家精神与西方经济模式相结合，奠定了日本近代经营思想和企业管理模式的基础。

涩泽荣一将《论语》作为第一经营哲学，著有《论语与算盘》一书，提出一手拿《论语》、一手拿算盘的经营思想。同时，涩泽荣一还根据儒家伦理精神提出“义利合一”的核心价值及“士魂商才”的儒商人格理想。“义利之辩”是儒家重要义法原则，强调作为天理的“义”与作为物质利益的“利”之间的关系。儒家认为合于“义”的“利”才是正当的，值得追求的。所谓“士魂”就是指信奉儒家价值，有儒家士大夫的精神和灵魂；“商才”则是指具备经商的才干。由此可见，涩泽荣一是一个典型的儒商。

涩泽荣一非常重视家族伦理和子女教育，还亲自撰写《涩泽家训》，昭示族中后人。其在家训中规定：

“为父母者，居常要慎言行，以为子弟之模范，且进行严正的家庭教育，不可使子弟的性格怠惰放逸”；

“男子的教育重勇壮活泼，常存敌忾之心，修内圣外王之学，使其养成在究其事理而后忠实遂之的精神”；

“女子教育应养成贞节之性，助长优美之质，培养其顺从、贤淑、周密之德”。

《涩泽家训》中处处散发着儒家的思想与伦理道德精神，而正是这种思想和伦理精神培育了日本近代儒商企业家人格，塑造了日本的商业文明模式。

儒商的道德规范

儒教是道德之教，儒教文明是推崇道德的文明，儒教有着强烈的道德关怀。对儒教而言，理想的人格是道德的人格，理想的社会是道德的社会，美好的企业是道德的企业。在儒教看来，个体生命的完善与社会的完善都是道德价值的实现。因而，道德是评判生命人格、社会政治及商业行为的价值标准。

儒教道德，境界之高，义理之深，气魄之大，精神之纯，堪与天地合和，与日月同辉，与鬼神合吉凶。数千年来，儒教道德始终是我们民族精神的脊梁，并以其特有的内涵和气象，在人类文明史上占据着重要的地位。

今天，要建构中国式的企业文化和商业文明模式，就必须重新梳理儒教道德资源，弘扬儒教道德，并在此基础上建立中国现代商业文明的道德规范。什么是道德？

"德者，得也。"（《礼记·乐记》）

德即是"得"，是"得其性之所固有"，即得到人的本性中所固有的东西。这就是天赋之"性"，是人的良知、明德。"明明德"和"致良知"就是道德。儒教的道德有一个神圣而超越的价值源头，那就是天道天理。"德"就是"得天道"、"得天理"之意。所以"德"又称为"道德"，即"得之于道"的意思。"道"不同，其"德"也不同。

儒教有若干道德条目，其中有12个条目是儒商必须遵循的重要道德规范，名之曰"儒商十二德"：仁义礼智、忠孝诚信、敬恕勤俭。其中，"仁"是最重要的德目，其他德目皆统于"仁"，都是仁德的具体表现。

1. 仁义礼智

仁，是儒教德目中最重要的一条，是儒商其他德目的统帅，诸德目都是"仁"德的体现。儒教看来，"仁"就是昊天上帝的意志，是天道天理，是最高的道德。儒教的社会理想，就是实现"天下归仁"。

"仁者，人也，亲亲为大。"（《礼记·中庸》）

“察于天之意，无穷极之仁也。”（董仲舒《春秋繁露·王道通三》）

圣人曰：“仁者，爱人”。仁，即仁爱、仁慈之谓。仁是天地间的“大情大爱”，是一种以天地万物为一体的博大而厚重的“情”和“爱”。

仁之发于心性即为良知、明德，为人的光明德性与善的本性。良知与明德是天命之性，是由上天赋予的虚灵不昧的光明德性。见小孩落井，生恻隐之心，见鸟兽哀鸣，花草摧折，瓦石毁坏等都能有恻隐、悯恤、顾惜之意。这就是仁。

爱有等差，推己及人。儒家的仁爱，是有分别的，有等差的，是因人而异的。孟子说：“亲亲而仁民，仁民而爱物”。仁就是由“亲亲”而“仁民”，由“仁民”而“爱物”，万物一体，天下一家。亲亲，就是爱自己的亲人；仁民，就是爱天下百姓；爱物，就是爱天地万物。从爱自己的亲人到爱陌生人，到爱天地万物，这是一个推己及人、由人及物的过程。儒家的仁，是一个有等差、有区别的爱。孟子曰：

“老吾老，以及人之老；幼吾幼，以及人之幼。”（《孟子·梁惠王上》）

在儒家看来，不光亲人与陌生人有区别，在陌生人当中，也有区别：自己的同胞与外国人就有区别；同样是外国人，尊重我们并对我们友善的，和不尊重我们甚至压迫和掠夺我们的殖民主义强盗相比，是有区别的。人与动物相比，有区别，人比动物更高贵，对人的爱应该多于对动物的爱。当然，有一部分人例外，比如：军国主义分子、右翼极端分子、殖民主义强盗，他们禽兽不如，比动物更低级，不在仁爱的范围之内。同样是物，动物比植物高贵，比植物贵重，植物比器物贵重，因为动物和植物有生命，器物没有生命。同样是动物也有区别，大熊猫和一条土狗是不一样的，因为大熊猫是珍稀动物，应该得到我们更多的关爱。同样是植物，也有区别，千年古树和野花野草是不一样的，千年古树也应该得到更多的关爱。同样是器物，精美的艺术品甚至稀有的古董，与普通的砖木瓦石是不一样的。

“不爱其亲而爱他人者，谓之悖德；不敬其亲而敬他人者，谓之悖礼。”（《孝经·圣治章第九》）

基督教讲的“博爱”是一种没有亲疏没有分别的爱；佛家讲“众生平等”，抹杀了人与动物的贵贱之别。儒家的仁爱则是由“亲亲”而“仁民”而“爱物”，是一种推己及人，由人及物的，博大厚重而又有分别、有等差的爱。按朱子的说法，儒家的仁爱是“随分而施”的，因对象的不同，仁爱的程度和分量都有所区别。

义，是儒教的另一个基本德目，其重要地位仅次于“仁”。在儒教的语境中，常常以“仁义”并称。义是儒教所推崇的基本价值，一种根本精神和理念，有“情宜”、“正义”、“合符公益”之意。义，也是一种社会行为规范和取舍标准，强调人的行为的正当性，合理性，合法性。要求人们在决策时多思考一下“应不应该”的问题。

朱子把“义”解为“天理之所宜”。“宜”字是“应该”的意思。为官就应该以民为本，造福一方，而不能以权谋私，钱权交易；治学就应该有学者的良知，不能谋稻梁之学，更不能制造文化垃圾；经商者就应该以诚信为本，兼济天下，不能制假贩假，更不能搞三聚氰胺、瘦肉精、苏丹红之类祸害天下。这是天道天理，就应该如此，没的商量，否则就是“不义”。

“义”就是强调人的行为要符合天道天理，要符合广大民众及家国天下的长远利益。有损他人，有损社会，有损国家民族的事，无论在什么情况下都不能为。君子有所取，有所不取；有所为，有所不为。合于义则取，不合于义则不取。合于义则为，不合于义则不为。故孔子说“行义以达其道”，孟子则把义视为“人之正路”。行义，是入道之门，成德之方。

礼，就是礼仪，即行为的准则与规范。礼源于儒教的事神仪式，是儒教的神人沟通方式。敬神以礼，祈求神灵赐福，人与神灵的沟通是通过“礼”来实现的。《礼记》曰：

> “天下之礼，致反始也，致鬼神也。致反始以厚其本，致鬼神以尊上也。”（《礼记·祭义》）

由此可见，礼的两个本质特征：敬神、尊上。人们在神圣庄严的礼仪中对天地祖先神灵产生敬畏之心，并与天地祖先神灵进行交感沟通，从而获得天地神灵的恩赐与福佑。

礼是人类行为的准则和外在的道德规范力量，《礼记》曰：

> “礼者，天地之序也。”（《礼记·乐记》）
>
> “安上治民，莫善于礼。”（《礼记·经解》）

礼，既能为人间世界带来一个良好的秩序，又能避免刑律法制的生硬与冷漠；既能有效地安邦治国，又能不使用刑罚的暴力。礼，充分体现了儒教德主刑辅，明刑弼教的治世精神。防患于未然，止邪于未形。刑不用，罚不施，而社会有序，天下安宁。这就是礼所特有的治世功效。

礼的本质就是天道天理，是人道事理。循礼，就是循天道天理；学礼，就是崇人伦人道；遵礼，就是遵人道事理。横渠先生曰：

> “礼者，圣人之成法也，除了礼，天下更无道矣。”（《张子语录》）

礼，察人伦，穷天理。循礼，就可以成道；崇礼，就可以立身；隆礼，就可以行事，可以安定邦国，治平天下。

礼的根本精神与法制相反，不是“齐一”，而是“别异”。别异，就是充分肯定人间社会有长幼、男女、上下、贵贱之别与贤不肖的差异，根据人们的身份、地位的不同及道德人格的等差来定位各自的社会角色，并制订出不同等级之间的礼仪规范，从而使整个社会形成符合天道天理的人伦秩序。荀子曰：

> “礼者，贵贱有等，长幼有差，贫富轻重皆有称者也。”（《荀子·国富》）
>
> “人无礼则不生，事无礼则不成，国家无礼则不宁。”（《荀子·修身》）

如果不明上下，不分长幼，则奸心四起，君臣相背，父子无亲，兄弟相残，朋友无信。人心紊乱，人伦尽丧，天下无序。故圣人制礼，明上下，别贵贱，定尊卑，序长幼，以崇人伦，循天理。所以，礼就是天秩天序。

礼，不仅是人伦大道，也是齐家治国平天下之道。传统儒教中国的社会政治制度，也是礼法制度。儒商企业的管理制度也应该是“礼法”制度。《礼记》曰：“是故礼者，君之大柄也”。礼被视为国之大法，是经国治世的重要手段。对于儒商而言，礼，是异常重要的管理之道，是中国式的企业行为规范和制度体系。对中国人而言，则更是行之有效的管理工具。

案例6 一个清洁工的义举

韩国某公司一个清洁工，平常为全公司的员工所忽视，因为清洁工是全公司最微不足道的职位。但是，在公司保险柜被盗窃时，正是这个清洁工与歹徒进行殊死博斗，最后他成功地保护了公司的巨额财产。媒体记者追问他的动机，问他为什么用自己的生命去保护别人的财产？他的回答很出人意外，他说：其实没有别的原因，就是因为公司总经理每次从他身边经过时，总是对他很有礼貌，微笑点头，并赞美他扫地扫得很干净。他的内心很感动，因为他受到了尊重，受到了礼遇。

就这么简单！一个笑容，一点尊重，就可以换来员工的赤胆忠心。从这里，我们可以看出，人最需要的是什么，被管理者最需要的是什么。礼者，理也。礼，就是天理，是人情事理。循礼，就是明天理通人情。只有知礼、懂礼、循礼，尊重和礼遇被管理者，才能得到被管理者的忠诚，才能做好管理工作。

智，是对于天道天理及人道事理的明辨能力，是“明理”的工夫。儒家所谓“智”，与智力、智商是有区别的。依儒教教义，智就是“穷至事物之理”，是知是非善恶，明人道事理而止于至善的德行。智则不惑，不惑方能明是非，知善恶；方能守天道天理。“智”与“仁、勇”，并列为儒教“三达德”，是儒教至关重要的德目之一。

惟“智”能穷理尽性，惟“智”能知天。“智”不是一般意义上的知识和机巧，而是对天道事理的明辨，对天道天理的贯通。惟有明道明理，人才能辨别是非善恶，知人性物性，知人理事理。明是非善恶，方能处进退之间，待人接物之际存是去非，为善去恶。所以孟子把“是非之心”看作是“智之端”。“智”是儒教“五常”之一，为儒教重要德目。

作为一个儒商，必须明是非，知善恶，方能让自己的经营管理行为符合天理人情，从而为善去恶，明辨义利。

2. 忠孝诚信

忠，是儒商重要德目之一，是“事君”之道，是为臣者所应该恪守的道德。

> 曾子曰：“吾日三省吾身，为人谋而不忠乎？与朋友交而不信乎？传不习乎？”（《论语·学而》）

圣人每天三次反省自己，第一件事就是看自己替别人做事有没有尽到忠心，可见儒家对于“忠”德的重视。何谓“忠”？朱子曰：“尽己之谓忠”。“忠”就是尽心竭力，忠诚无私，无欺无妄。“尽己”就是把自己所有的一切奉献出来，要做到尽心、尽力、尽情、尽责、尽义这“五尽”，方能算是“尽己”。

近代以来，由于激进主义者对传统帝制的抨击与批判，儒教君臣之义及其“忠德”受到误会和曲解。其实，“君臣”是儒家“五伦”之一，是重要的人伦关系。在儒家看来，“君”并不专指“国君”、“君王”；“臣”也并非专指朝廷大臣。梁武帝时，禁止属官以“臣”相称，只对帝王称“臣”，但这并非儒家的本义。

> 南海先生曰：“夫君臣之本意，但指职事之上下言之，非为一帝者言之。”（康有为著《以孔教为国教配天议》）
>
> 重远先生曰：“盖凡同事者皆可名曰君臣也，主其事者谓之君，辅而行之者谓臣。”（陈焕章著《论孔教是宗教》）

君臣关系是社会生活中带有一定经济依附性质和服务性质的上下级关系的统称。居上位者为君，居下位者为臣。古代帝王与大臣的关系只是君臣关系的类型之一。在现代社会，君臣关系也可以落实为政府官员的上下级关系、企业主及CEO与员工的关系等，凡是领导与下属的关系都可名之曰君臣关系。

为君者，守君德；为臣者，守臣德。君以礼待臣，臣以忠事君。“君待臣以礼，臣事君以忠”。身为人臣，“食君之禄”，就应“忠君之事”，这是天经地义的。君臣关系是“主从关系”而不是“主仆关系”。君臣之间，社会角色及位格不同，但人格是平等的。君居上位，居尊位；臣居下位，居卑位。为上者以礼待下，为下者以忠事上。君臣之间，人格各自独立，没有人身依附。

君臣关系是伦理关系，不是法权关系与契约关系。臣虽食君之禄，有经济依附，但却没有人身依附，并不卖身于君，其人身主权并未让渡给君，臣是自由而独立的。当为君者“行不中道”，违天理背人伦时，臣下不宜“愚忠”，而应该加以劝谏。如谏而不从，则去之。君子“从道不从”。

君臣之义在儒家“五伦”之中仅次于“父子”之伦。君臣之义及“忠”德在现代社会仍有着存在的价值和意义。当今社会普遍存在诚信危机，忠义之士堪称“稀有动物”，难得一见。但每一个为君者都在寻觅忠义之士，以期委以重任。如今，不缺文凭，不缺专业技术人员，不缺能人，只“缺德”，缺忠义之士。圣人曰：“我欲仁，斯仁至也。”做一个忠义之士很简单，一念之间可以成仁，也可以成魔。做一个忠义之士最能得到别人的赏识和重用，最容易得到机会和平台，其“投入产出比”非常大，是人们——尤其是年轻人成就事业的重要品行和走向成功的捷径。

案例7 从刘备与属下的关系看“君臣之道”

《三国演义》中，刘备与关羽、张飞、赵云、诸葛亮的关系就是君臣关系。在他们的相处过程中，集中体现了儒家君臣之道。刘备是怎么为君的呢？他和关羽、张飞结为异姓兄弟，视之为手足。刘备与关张“食则同席，寝则同榻”，在一张桌上吃饭，一张床上睡觉。亲如兄弟，情同手足。关、张二人对刘备可谓忠心耿耿。当刘备落难的时候，两兄弟对他不离不弃。关羽更是千里走单骑，走遍天涯都要去寻找大哥，而曹操想尽办法、用尽手段都不能收服关羽。

赵云是当时少有的将才，有万夫不当之勇。刘备见第一面就生爱才之心，想把赵云收至麾下。见一次拉着赵云的手哭一次。他的爱才之心和情义感动了赵云，最后终于如愿以偿。赵子龙终身追随刘备，屡建奇功，为刘氏江山立下汗马功劳。赵子龙长坂坡救阿斗，血染战袍，当赵云把阿斗交给刘备时，刘备却将儿子摔到地上说："孺子小儿，险些折我一员大将！"可见刘备爱才之心。

诸葛亮乃一代奇士，天下高人，得之可安天下。刘备三顾茅庐，礼贤下士，虚心求教。于是，诸葛亮感刘备知遇之恩及三顾之情，毅然出山，辅佐刘备打下蜀汉江山。鞠躬尽瘁，死而后已，五十多岁就魂归五丈原。一个旷世奇才，就这样为蜀汉活活累死了。

刘备并不是用威逼利诱的方式，更不是通过签订契约、合同的方式获得下属的忠诚。刘备深谙儒家为君之道，以仁待下，礼贤下士，尊贤使能，堪为明主贤君。所以才得到这些英才、将才的忠诚，从而成就了大业。

孝，是儒教所奉行的至德要道，也称"孝道"。孝道的基本义理和内涵，在儒教经典《孝经》中有详尽的阐释。

在儒家看来，父慈子孝是天道天理，是人伦大道。父母不慈，子女不孝，都是违背人伦，是伤天害理。圣人曰：

"孝悌也者，其为仁之本欤。"（《论语·学而》）

孝慈是仁德之本，百善之源。近百年来，儒家孝道作为"封建礼教的糟粕"，被近代反传统主义刻意歪曲，致使人们对孝道产生了极大的误解。也有许多人把"二十四孝"之类看作孝道，并以此攻击儒家，这是天大的误会，是对孝道的曲解！

关于孝道的基本义理和内涵，主要载于儒家经典《孝经》。《孝经》由孔子所作，是儒家重要的经典，讲孝道应以《孝经》为据。孔子曾说："欲观吾褒贬诸侯之志，在《春秋》；崇人伦之行，在《孝经》。"《孝经》"虽居六籍之外，乃与《春秋》为表矣”。可见，《孝经》的地位不在六经之下。“孝道”的基本义理及内涵如下：

（1）以孝事亲

“善事父母为孝”。善事，即善于侍奉。何谓善于侍奉？就是以符合人伦大道，符合天道、天理的方式对待父母和至亲。“善事父母”须从以下几方面着手：

第一，要坚持事亲5原则。

> “孝子之事亲也，居则致其敬，养则致其乐，病则致其忧，丧则致其哀，祭则致其严。五者备矣，然后能事亲。”（《孝经·纪孝行章第十》）

事亲绝不仅仅是生活上的照顾或赡养那么简单，必须发自内心地敬重父母；以赡养父母为乐；父母生病时会感到忧心忡忡；父母去世了则发自肺腑地哀痛；父母去世后每年都要严格按照儒家礼制来祭祀。这5个方面同时具备，才能称为事亲。

第二，行孝从珍爱自己开始。

> “身体发肤，受之父母，不敢毁伤，孝之始也。”（《孝经·开宗明义章第一》）

行孝首先要珍惜自己爱护自己。对于父母来说，没有什么比子女的安全、健康更重要的事。子女平平安安，健健康康，无灾无病，这是父母最大的幸福。行孝，首先就是要成全父母对子女的慈爱之心。

相反，如果不珍爱自己，致使自己受到伤害，甚至酗酒、吸毒、自杀。最伤心的是谁？是自己的父母。所以，不珍惜自己，使自己受到伤害是最大的不孝！

第三，立身行道，显亲扬名为孝。

> “立身行道，扬名于后世，以显父母，孝之终也。”（《孝经·开宗明义章第一》）

修身自立，弘扬圣道，或立德、或立功、或立言，成就自己，兼济天下，青史留名，使父母得以显耀闻达。就是行孝的最高境界。

（2）以孝事神

“孝”之为“道”，即在于孝行本身具有超越神圣性和浓郁的宗教内涵。孝，参于天地，通于神明，达于圣贤。故名之曰“道”，称为“孝道”。

> “菲饮食，而致孝乎鬼神。”（《论语·泰伯》）
>
> “孝悌之至，通于神明。”（《孝经·感应章第十六》）

儒家的“孝道”具有神圣超越的价值和宗教内涵，孝之为道，既是人道，也是神道；孝之为德，既是人伦，也是天理。行孝，不仅要孝敬父母，还要孝敬神灵。

依儒教义理，礼有三本，故人有三报：孝敬天地，报天地生养之恩；孝敬圣人，报圣人教化之恩；孝敬祖先，报祖先生身之恩。“报”就是回报、报答，是感恩。孝者，效也，就是效法、回报的意思。人之行孝，不仅要事亲，还要事天地、事祖先、事圣贤。故此，行孝道，就须孝敬天地，孝敬祖先，孝敬圣贤。孝的宗教内涵与超越神圣性就在“礼三报”的儒教信仰中得以实现。

(3）以孝入世

孝之为“道”，除了具有亲亲仁爱，人伦善德及敬畏神圣的宗教性质外，还具有社会政治性质。孝道还具有社会政治的建设性价值，具有经世治国的社会功能。

经世治国有两种途径和手段：其一是靠警察、军队等国家机器所支撑的法律手段，这是一种硬性的强制力量。其二是靠教化的途径和手段。教化就是通过对民众进行道德培育，化民成俗，通过改变人心来改变社会，通过完善人性来完善社会。

法律的强制力，使民众产生畏惧之心；而教化则能够使人产生道德自觉，使人心趋善，从根本上化解社会的内在冲突，让社会得以有序，国家得以长治久安。德主刑辅，治教一体，明刑弼教，这是儒教特有的政治智慧。经世治国需要法制，更需要教化。忠孝之道，就是儒家教化的重要内容与形式。《孝经》曰：

> “爱敬尽于事亲，而德教加于百姓。”（《孝经·天子章第二》）
>
> “资于事父以事君，而敬同。”（《孝经·士章第五》）
>
> “君子之事亲孝，故忠可移于君。”（《孝经·广至德章第十三》）

子曰：“孝慈则忠”，自古忠孝不二。在家作孝子，出门作忠臣。一个人要能做到以事亲之心事君，那份敬意是没有区别的。而有了这份敬意，人的良知就会呈现，就不会做出犯上作乱，违背人伦甚至伤天害理的事。一个事亲尽孝的人，其事君必然尽忠。在儒家看来，家国一体，齐家与治国平天下是不可分的。

孝慈之道是齐家治国平天下之道，也是儒商企业管理之道。

数千年来，历朝历代都倡导以孝治国，以孝治天下。一个儒商企业家也必须以孝治企，以孝管理，把孝道的根本精神在企业经营管理实践中加以落实，方能体现出儒商的管理特色，形成中国式的管理模式。

诚，是儒教的重要德目，何谓“诚”？“诚”，即虔诚、诚实、诚信、忠诚、诚恳之谓，有虔敬执着，真实无妄，守信不背，恳切不欺等多重含义。以虔敬之心，笃信上帝，是“诚”；立身处事，待人接物真实无妄，是诚；与人交往，守信不背，也是诚。濂溪先生[①]曰：“诚，五常之本，百行之源”。诚，在儒教看来，是重要的道德，是人们立身处世应遵循的根本原则，是仁义礼智之性得以成就于人并落实于社会的前提。

致诚，方能进德趋善；不诚，则万有皆虚，万行皆伪。致诚，方能行仁义礼智之性，守“五伦”之道，成“四端”之德。不诚则仁不能守，义不能集，礼不能循，是非不能明。“不诚，无以为善；不成，无以为君子。”人不守诚，则父不慈，子不孝；君无礼，臣不忠；夫无义而妻不贞；朋友无信，相互背叛。不诚，则为官者，欺上瞒下；为商者，制假贩假；为学者，假文伪道。如此，则社会无序，天理不存。可见，守“诚”，于己于人于社会，都是至关紧要的事。

《中庸》曰：“诚者，天之道也；诚之者，人之道也。”

诚，是天道天理，是人伦大道。无诚，则天道不行，天理不存，人道尽废。人不守诚，则无异于禽兽。诚之为道，至大至

① 周敦颐，号“濂溪”，也称“濂溪先生”，《爱莲说》作者。

重，至紧至要。故儒教列“诚”为《大学》八条目之一，视为修身要道。朱子以“诚”为“天理之本然”，阳明先生则以“诚”为“心之本体”。

二程子曰：“道之浩浩，何处下手？惟立诚才有可居之处。有可居之处，则可以修业也。”（《二程集》第一册）

致诚，是儒商立身行道的根本，是修身成德的关键所在，是循道之径，入德之门，是立身处世的大根大本，是修身进德的重要大法。

信，有两层含义：一是诚实无欺，言而无妄；二是虔诚信仰，坚信不疑。守信用，重信誉，不背言，说到做到，言行一致，是“信”。笃信圣道，坚定不移，也是“信”。“信”与“仁义礼智”并列为儒教“五常”。

子曰：“人而无信，不知其可也。大车无輗，小车无軏，其何以行之哉？”（《论语·为政》）

“信近于义”，“民无信不立”。人如不守信，就像车无轴一样，无法行驶。不守信，就无从立身做人。“信”，作为重要德目，为历代圣贤所推崇，故列为儒商重要德目。

“信道笃，则行之果；行之果，则守之固”。坚定不移的信仰是践履践行的前提和条件。只有在信仰的基础上，人们才能自觉地践履践行。只有信仰昊天上帝的存在及其全善全能的神明之德，我们才能自觉而虔诚地敬畏上帝，敬畏天命，遵循天道天理。只有坚定不移地信仰圣王代天立言，承天命以行教化的真实性，我们才能“畏圣人之言”而自觉地接受圣人的教化，恭行圣训，按照圣人的训诫来规范自己的行为。只有信仰圣教教义，确信仁义礼智之性、“四端”之德与“五伦”之道为人道天理，承认人道天理的绝对性而无有丝毫的怀疑，我们才能在现实生活中，时时刻刻奉行圣教教义并用儒教的道德条目来规范自己的行为。惟有如此，我们才能成就士君子之德，逐步完善自己的道德人格和道德生命。

信履不二，知行合一。信、知、行三者不可分割，信即知，知即行。笃信则明，明则知，既信之，明之，知之，则行之。如父慈子孝之道，笃信此道为天理人道，便是究明了此道此理，知晓了此道此理；既然明白了此理，就会躬行此道。为人之父则必以慈爱为本，为人之子则必以行孝为本。当我们躬行慈孝之道时，则自然是究明了此理，笃信了此道。

一个儒商，必须要对圣人之道坚定不移地信仰，自觉接受圣人教化，循天道天理，按照儒教道德规范自己的行为，以儒教的根本教义和精神作为自己安身立命的大根大本。诚实守信，一言九鼎，诚信经商，这是儒商企业和儒商企业家必须坚守的根本原则。

3. 敬恕勤俭

敬，持敬，即操持庄敬之心，保持恭敬之态。孔子说：“出门如见大宾，使民如承大祭”，这就是持敬。持敬是儒教重要的修身之法，自孔子以降，儒教历代先圣先贤都非常重视“持敬”。尤其是宋明儒，更是将“持敬”视为“入德之方，人事之本”。

二程子曰：“涵养须用敬”，“入道以敬为本”，“言不庄

敬，则鄙诈之心生矣。”（《二程集》第一册）

朱子曰：“敬者，收敛而不放纵也”，“人之心性，敬则常存，不敬则不存。”（《朱子语类》）

敬，“无敢慢”而已。敬就是对人、对事、对物均持庄敬之心，恭敬之态，不敢有丝毫怠慢。不敬，则生“鄙诈之心”，败德害理之行都由此而出。故此，儒教把“敬”视为百善之始，万德之源。能持敬，就能够循人道事理，明天道天理，一言一行，一举一动无不中道。故朱子说：“敬则万理俱在”，“敬则天理常明”。

敬，是儒教重要德目；持敬，是儒教修身大法。“敬之工夫，乃圣门第一义”，凡欲修身成德者，须先从“持敬”下功夫。时时保持庄敬之心，恭敬之态，对神、对人、对事、对物莫不如此，则可明理入道，身可修，德可成。

敬畏之心，庄敬之态，这是一个儒商做人、做事、做生意所必备的。对君上，对同事，对下属，对客户，对消费者都要怀敬畏之心，持恭敬之态。不光对人，对神灵，对圣人，对大自然也都要操持敬畏之心，要虔诚信仰天地祖先神灵，信仰圣人之道，敬畏自然，爱护自然。伤天害理之事，亵渎神灵之事，损人利己之事，破坏环境之事，都不能为！要战战兢兢，如履薄冰，如临深渊，常怀敬意。

恕，是儒教所推崇的重要品德，在儒教德目中居于非常重要的地位。

曾子曰：“夫子之道，忠恕而已矣。”（《论语·里仁》）

曾子以“忠恕”二字概括圣人之道，可见“恕”德是儒教核心德目之一。什么是“恕”呢？朱子说：“推己之谓恕”。恕，就是以己度人，推己及人。子贡问孔子：“有没有一句值得终身奉行的话？”孔子曰：

“其恕乎！己所不欲，勿施于人。”（《论语·卫灵公》）

“恕”，就是可以“终身行之”的至德要道。“恕”德的基本要求就是“己所不欲，勿施于人”。这句话也被孔子用于对“仁”的阐释。依儒教教义，“恕”是“仁”的具体体现。“仁”为本，“恕”为用；“仁”是天理，“恕”是人道。能守“恕”德，就能广被“仁”道。

“己欲立而立人，己欲达而达人”，是“恕”道。“己所不欲，勿施于人”，也是“恕”道。前者是“应为”之恕，后者是“勿为”之恕。无论前者还是后者，都是以己度人，推己及人。恭行“恕”道，恪守“恕”德，就是要求我们随时随地站在他人的立场上去思考问题。要设身处地考虑一下，自己如果站在对方的立场上会怎么样？

谋求富贵，升官发财，对于常人而言这是情理之中的事，谁都想要。你想要富贵，别人也想要。尤其是为君者，当老板，当领导，你在升官发财的同时，也应该带着大家，带着你的下属和员工一起升官发财，这就是“恕”。那种自己吃肉别人连汤都没得喝的人，那种刻薄寡恩的人，是得不到别人忠诚的。如果自己一心向道，去恶趋善，修身俟命，成己成德，那么我们也应该像成就自己一样去成就别人。自己明理得道，也要让别人明理得道，这也是“恕”。而自己都不想接受的东西，不愿得到的结果，就不要给予他人。毒奶粉，你肯定不喜欢吃，那你也不要给别人吃；被朋友出卖，你肯定很伤心，那你也不要出卖朋友，这是“恕”，这是仁者所应有的品德和情怀。

勤俭，就是说，作为一个儒教圣徒，在生活中要勤劳俭朴。要勤于劳动，不辞辛苦，务本业而足衣食。要戒奢戒侈，崇尚俭朴。

求富贵之心，乃人性本然。儒教励民致富，认为在良好的社会政治环境中，一个人如果不辛勤劳动，努力改变自己的贫困状况，这是一种耻辱。子曰：

“富而可求，虽执鞭之士，吾亦为之。”（《论语·述而》）

“帮有道，贫且贱焉，耻也。”（《论语·泰伯》）

圣人说，如果可求富贵，即使从事卑微的工作，我也愿意为之。靠自己的勤劳而致富，即便是卑微的工作也在所不辞。这是一种吃苦耐劳、忍辱负重的精神。是一种天行刚健，自强不息的精神。这是儒教所大力推崇和提倡的。孔子说：“富与贵，是人之所欲也；不以其道得之，不处也。贫与贱，是人之所恶也，不以其道得之，不去也。”富贵，取之有道，贫贱，去之有道，这靠的是辛勤的劳动。

要创造美好而圣洁的生活，除了勤劳以外，还须崇尚俭朴，要戒奢寡欲，不能铺张浪费，不能穷奢极欲，沉沦堕落，为财富所腐蚀败坏。《书经》曰：

“慎乃俭德，惟怀永图。”（《尚书·太甲上》）

其意是说，要慎行你的节俭美德，要考虑到长远的打算与长久之计。如果竭尽享乐，沉溺于灯红酒绿，声色犬马，就会背德败行，为财富所腐蚀，沦为财富的奴隶。惟有辛勤劳动，勤俭持家，才能创造美好而圣洁的生活。勤劳俭朴，不好逸恶劳，不穷奢极欲，艰苦创业，勤俭守业，这是一个儒商的基本美德。

儒商，要懂得克己修身。所谓克己，是指要克制自己的欲望，不能让人欲主宰人心。生而有欲，趋利远害，这是人的自然属性。二程子说："饮食男女之欲，喜怒哀乐之变，皆其性之自然"。在儒教看来，正常的欲望是无可厚非的，是人的自然属性，有其存在的合理性。然而，"人欲之私"又是万恶之源，人的恶念恶行，都由此而生。所以必须对人欲进行克制，使其规约在一定的限度之内，而不至于膨胀横行，主宰人心。这是儒商的入道之门，修身之法。

如果不对私欲进行克制，任由它膨胀横行，人们就会穷奢极欲，腐化堕落，丧失人伦。如此，则天理不存，人道尽废，人与禽兽为伍。故儒教强调明"理欲之辩"，重视克己修身。子曰："克己复礼，天下归仁"。只要我们能克己修身，"防其欲，戒其侈"，去私欲之蔽，就能明理入道，成就一个儒商应有的道德人格和生命境界。

案例 8　安田善次郎的勤俭美德

日本近现代企业家继承了传统的武士道精神，始终保持勤俭节约的作风。明治维新以前的幕府时代，日本以程朱理学为官学，明治维新以后则以阳明学为官学，官学就是现在所说的统治思想。无论程朱理学，还是阳明学，都是儒学，所以，日本的武士道精神其实源于中国传统的儒家士大夫精神，这种道德精神传统在日本近现代企业家那里得到了很好的继承。虽然他们拥有巨额资产，但仍然谆谆告诫自己、家人及员工保持节俭的美德。如安田财阀的创始人安田善次郎（1838～1921）就是一个代表。

安田家族是日本四大财阀之一，但安田善次郎终身躬行勤勉与俭约，以“勤俭堂松翁”自称，始终过着简朴的生活。乘火车外出坐普通车厢，与员工一起在食堂用餐都是他的习惯。他一方面厉行节俭，一方面热心于慈善事业，捐资兴办教育。

对于勤俭美德，安田家族还制定了《安田家宪》进行严格规定。如：在《安田家宪》中规定“无论家长、夫人、孩子，一应生活费用均须严格控制，支出不得超标”，“主人乃一家之模范，我勤众何怠，我俭众何奢，我公众何私，我诚人何伪?”

像安田这样艰苦创业，勤俭持家的企业家在日本近现代史上比比皆是，并都以家训的形式对家族成员进行严格约束和规范。如：“勤俭持家，慈善待人”（《岩崎家宪》）；“戒骄戒奢，发扬朴素勤俭之美德”（《茂木家宪》）；“勤为富之本，俭乃富之源”（《向井家宪》）；“严禁奢侈，厉行节约”（《三井家训)》；等等。由此可见日本近现代企业家的儒商风范！正因为日本明治维新以后，用儒家思想和伦理道德培育出了一代儒商企业家群体，才创造出了日本近代以来的经济奇迹与独特的东方管理模式。

契约精神与礼乐精神

中西文化是两种不同性格的文化，中西文化的差异性决定了中西管理模式的差异性。西方管理模式是西方现代文化精神的产物，是西方文化精神的具体发用。管理模式与文化精神之间具有同一性，有什么样的文化精神就有什么样的管理模式，管理模式是特定文化精神的产物。要创建中国式的管理模式，就必须充分了解和认识中国的文化精神。西方现代文化精神是“契约精神”，中国的文化精神是“礼乐精神”。契约精神与礼乐精神分别代表两种文明的不同性格和本质特征。

1. 契约精神是“权利本位”的精神；礼乐精神是“伦理本位”的精神

所谓“权利本位”，是指以人的权利为中心，强调个人权利的至高无上性、不可侵犯性和神圣性。在契约精神下，权利是一切社会秩序的基础，是人存在的目的和意义，是社会秩序赖以维系的根本前提。在契约精神下，个人、家庭、社会、企业、机构、国家等都是权利主体，是权利的存在物。权利靠契约来维系，一切权利都靠法律、制度、契约来保障和维系。人与人的关系、人与世界的关系、人与神圣的关系都可以被还原成契约关系。父子关系、夫妻关系、劳资关系、人与自然的关系、人与神灵的关系等等，一切关系都是契约关系。

在契约精神下，家庭、企业、政治、宗教都是由契约来型构的。人与上帝要订立契约，西方的所谓《圣经》就是《新约》和《旧约》，这里的“约”就是约定，就是契约，是神和信徒之间的契约。神和信徒之间有个约定，你信仰神，履行神赋予的使命，神就让你的生命得到救赎，宗教信仰变成了责权利的计较。父子关系需要法律来认可；子承父业需要法律来证成；夫妻恩爱，组织家庭，需要订立契约（例如结婚证书就是婚姻契约）。

代议制就是主权的让渡，是参政、议政权力的委托。劳资关系也是聘用关系，是责权利的计较关系，是冷冰冰的契约关系。

总之，在西方契约精神主导下，从宗教到政治，从企业到家庭，从个人到社会，无不在契约当中。一切的社会关系和人伦关系如：人神关系、亲子关系、夫妻关系、劳资关系、民政关系全都可以还原成为契约关系。契约精神是西方现代文明的文化精神，契约是西方现代社会的结构力量和塑造力量，可以说，西方现代社会就是由契约来塑造的。

与西方契约精神的“权利本位”相反，中国的礼乐精神则是“伦理本位”。所谓“伦理本位”，就是把个人、家庭、企业、国家都当作一个伦理体、一个道德体，一切的社会关系都是伦理关系：天人关系、人神关系、父子关系、夫妻关系、君臣关系、劳资关系、民政关系等，所有这些关系，都是人伦关系。伦者，次也、序也。“伦”就是人与人、人与神、人与自然的关系和秩序。在儒家看来，父子、君臣、夫妇、兄弟、朋友是五种人伦关系。人与神灵的关系，人与自然的关系都是伦理关系，是“天伦”。所谓“天伦”，就是上天在创造宇宙，化生万物的过程中所作的秩序安排。这种关系不是人为的秩序，不是通过法律，通过制度，通过契约规定的人为秩序，而是上天安排的秩序，是“天秩天序”。

在儒家看来，家庭关系如父子关系、夫妻关系等不是由契约、法律来界定的，而是与生俱来的，是天命关系，不需要法律和契约来证成及认定。父慈子孝，夫义妇贞，都是天道天理。所以，家庭之乐又称“天伦之乐”。劳资关系、民政关系都属于君臣关系，君仁而臣忠，这是天道天理。人对于天地神灵，祖先神灵，圣贤神灵要持敬畏之心，这也是天道天理，不是人为的契约规定，这是生命的信仰，是身心性命的安顿，是生命人格挺立和道德人格完善的途径和标志。人与神圣之间、人与自然之间不是责权利的契约计较。

“伦理本位”的礼乐精神博大、深厚、崇高，而“权利本位”的契约精神与之相比，则明显肤浅、世俗、平庸、低级，是典型的世俗文化，功利性文化。

2. 契约精神与礼乐精神在治世功能的实现方式上完全不同

契约精神是通过“止恶”的方式来达到管理的目的。所以，由契约精神所主导的社会伦理规范，又称为“底线伦理”。所谓“底线伦理”，就是强调社会的一切规范力量（如法律、制度等）都是为了保证人类的道德底线。其社会功能就是阻止人们为恶、犯罪。而且，这种阻止是“事后追究”式的阻止，同时，这种“事后追究”是建立在事实和证据基础之上的。

在契约精神的主导下，法制具有所谓至高无上的“独立性”。这里的所谓“独立”，不是中国人所理解的不受政治权力干预的独立性。西方所谓法律的独立性，不仅是指不受行政权力干预，更主要是强调法律不受道德和人情的制约。法律是冷冰冰的，不管善恶，不管是非，不管美丑，不管真假，只讲“证据”。伦理、道德、公正、亲情、人性等人类最美好的一切，都在法律视野之外，法律只维护当事人的权利（包括罪犯的权利），维护的依据就是法律的条款以及与此相关的证据。

而礼乐精神的治世功能，则是通过“扬善”的方式来实现，通过对人性光辉面的彰显来实现。通过对人的教化使人类神圣的善良本性和良知明德得以呈现。通过对人的生命人格的提升和道德人格的完善，使人产生生命的自律和道德的自觉，主动远离罪恶。与契约精神“止恶”的“事后追究”方式不同，礼乐精神强调通过“扬善”来达至“事前预防”的目的，即所谓的“发乎情，止乎礼”，“止邪于未形”。

3. 契约精神的本质特征是“齐一”，礼乐精神的本质特征是“别异”

契约精神就是法制精神，契约精神所追求的是法律面前人人平等，制度面前人人平等。契约、法律、制度都强调“一刀切”，其所追求的是形式上的平等。制度、法律、契约都是冷冰冰的工具，对任何人都一视同仁，没有分别，契约精神所带来的形式平等，从本质上维系和保护了实质上的不平等。

例如，西方民主制度就是在契约精神的主导下建立的政治制度。按照民主规则，所有市民都享有同等的权利，比如说选举权和被选举权。按照这种规则，德行高、有道德的士君子和一个作恶多端的流氓享有同等的选举权和被选举权，这种形式上的平等绝对不可能带来清明的政治。

在契约精神主导下，法律排斥了道德、情感等因素，法律面前人人平等。比如同样是杀人罪，在西方法律看来，杀害普通人和杀害亲生父母是没有区别的，父母和陌生人都是人，都有着被法律保护的平等的权利。但是在儒家看来，在礼乐精神看来，杀害父母和杀害普通人有着很大的区别，在量刑标准上也不能一致，不能同等。传统中国，弑父弑君为大逆不道，列入“十恶”，罪在不赦。在儒家看来，要亲亲互隐、父为子隐、子为父隐、父子互隐，这是天理，是天道，天理大于王法。

在西方现代社会，法律、政治等都是需要购买力的。富人和穷人在法律面前，形式上好像是平等的，但实质上是不平等的。富人可以凭借手中的财富和资源，进行保释，可以聘请大侦探、大律师。总之，他可以购买高品质的法律服务。而穷人则不可能购买相应的服务。契约精神抹杀了贫富、尊卑、贵贱、智愚等社会级差，给予不同位格的人以表面上和形式上的平等，给予规则上的平等。但是不同位格中的人，所凭借的资源、掌握的财富、条件、境况不同，在平等的规则下，在形式平等下，其实质上恰恰是不平等的。依照契约精神和法制精神，一个流浪汉拥有和小布什平等竞选总统的权力。但是，流浪汉生活上需要社会的救济，而小布什可以拿出数十亿美元来竞选总统，形式上他们有平等竞选的权利，实质上他们之间是不可能平等的。

相反，礼乐精神的本质特征是别异。所谓别异就是首先承认社会是有等差的，有贫富、高低、贵贱、尊卑、智愚、贤不肖的差别。由于这种差别，注定了人们在社会中，都处于特定的位格，都有自己的名分。不同位格之间的人按照特定的礼制来界定其关系，拟定其行为规范。让不同位格的人和谐相处，和睦共处，形成“和而不同”的良性秩序。儒家不主张人为的形式平等，而承认社会位格的等差，并通过礼制手段来进行调和，使之有序和谐。

案例9 契约动物

德国社会学家，做过一个试验，他们在科隆大街上的电话亭分别贴上“男”“女”字样。结果发现，七八个男人在贴有“男”字的电话亭前面排队打电话，而贴着“女”字的电话亭却空着没人用。从这里可以看出，西方人很守契约，很守制度，而且近乎于呆板。中国人则正好相反，不要说电话亭，就是女厕所，只要里面没人，必要时也可以借用。契约对于西方人而言，具有超越价值和神圣的意义，人们会自觉遵守契约。西方的宗教生活、政治生活、经济生活、家庭生活等一切社会生活都是由契约缔造的，民政关系、劳资关系、夫妻关系、父子关系、朋友关系等一切社会关系都是由契约来缔结的。对西方人而言，没有契约，就没有依持，就不知该怎么做，西方人是典型的“契约动物”。

4. 契约精神以“争”为贵，礼乐精神以“和”为贵

契约精神是功利的文化精神，以权利作为目的，所以契约精神崇尚竞争、博弈，把整个世界纳入到对抗模式当中。人与人的关系、人与自然的关系、人与神灵的关系都是契约关系，订立契约的双方都要争自己的权和利，整个世界都被纳入到一种对抗模式当中。人们为了生存权利，为了政治权力，为了法律以及契约赋予自己的权利，为了物质利益，人与人博弈，人与自然博弈，人与神灵博弈，国家与国家博弈，企业与企业博弈，地区与地区博弈，总之，契约精神就是一个博弈的文化精神。契约精神所主导的社会就是一个对抗的社会、争斗的社会、博弈的社会。与此相反，礼乐精神倡导以和为贵。

> “礼之用，和为贵，先王之道斯为美。”（《论语·学而》）

礼的根本精神就是要调和社会不同级差之间的关系，要调和不同位格之间的关系，要让不同位格的人们和睦相处，和谐相安，化解争斗，让每一个人都能够安分守己，素位而行。只有这样，社会才能消解对抗，化解矛盾，减少摩擦，形成稳定的社会

秩序。

5. 契约精神形成的治理结构是“法治”，礼乐精神形成的治理结构是“礼治”

契约精神和礼乐精神作为不同性格的文化精神，其所发用而形成的社会“治理结构”是不一样的。契约精神所形成的社会治理结构是“法治”，礼乐精神所形成的社会治理结构是“礼治”。

所谓法治社会，就是以法律作为社会秩序建构和维系的根本力量。法律是人所制定的行为规范，由于社会生活的复杂性，导致了法律条文的繁复以及很高的运行成本。现代法律有宪法、选举法、经济法、民法、刑法、行政法等，每一个大类又分若干小类，每一个小类又分成若干章节和条款。法律试图穷尽人类社会生活的每一个领域，甚至每一个细节，试图让人们一举一动，一言一行，都要有法可依，人们在生活中一丁点小事都要诉诸法律。

与此相反，礼乐精神所发用的社会治理结构是“礼治”。其根本精神就是通过礼乐的形式对人进行教化，提升人的生命人格，完善人的道德，让人产生自觉，远离犯罪，为善去恶。当人们都能够自觉的时候，法律就会失去存在的意义和价值。

> “安上治民，莫善于礼，移风易俗，莫善于乐。”（《孝经·广要道章》）
>
> “揖让而治天下者，礼乐之谓也。”（《礼记·乐记》）

礼治的社会是一个自治的社会，是一个道德自觉的社会，不需要繁复的法律条款。礼治社会是“无讼”的社会，是极端和谐没有讼争的社会。人们处于“自治”状态，其社会结构简单，运行成本低。

传统中国，一个地方官员的基本职责就是征税，调解民事纠纷，教化百姓。官府衙门口，用于百姓鸣冤时所敲的大鼓，常常数年没有人击打；地方官员常年无所事事，百姓都是自己管理自己。一个县官，一个案台，一个师爷，两排衙役就构成了所谓的政府机构。不像现代社会，政府机构那么庞大，人员众多，机构复杂。

子曰：“听讼，吾由人也，必也使无讼乎。”（《论语·颜渊》）

在孔子的法制思想中，最理想的社会就是无讼的社会。百姓没有争讼，说明就没有纠纷；没有纠纷，说明社会和谐，安宁，稳定。周代成康之世，囹圄空虚 40 年，也就是说整整 40 年的时间，国家的监狱里面一个犯人都没有。这就是礼治的效果，教化的威力。

第3章

儒商管理模式是“王道管理模式”

人类文明史上不存在抽象的普遍的管理思想和管理模式，一切管理思想和管理模式都是特定历史文化的产物，是特定社会政治经济环境的产物。不在整体文明形态的框架下来思考和定位管理与管理学是没有意义、也是不可为的。离开了中国式的现代商业文明体系，孤立地谈论“中国式管理”，就只能流于肤浅和平庸，流于“术”的层面，流于庸俗实用主义；离开了以孔子为代表的中国儒家传统文化，“中国式管理”的学科建设与模式建构都将成为不可能。

儒学是“内圣外王”之学，是“修齐治平”之学。儒学从根本上说就是一套管理学，而且是一套包含了形上层面和形下层面“道术兼备”的整体性管理学。它不仅仅是一套管理的技术性学问（治术），同时也是一门管理的形而上学（治道）。

儒学是一套有机整体管理学。所谓“整体管理”，就是把天、地、人全部纳入管理的范畴；所谓“有机管理”，就是把管理对象当作有生命的活生生的人，而不是当作工具。西方的科学管理追求效率和利益的实现，而儒家的管理则强调对生命的完善与对社会的完善。

把儒家“修身、齐家、治国、平天下”的诉求作一个管理学式的表述，那就是：对生命和社会的目标管理。这一目标管理在现代社会很大程度上要通过企业管理来落实和实现。现代商业社会，企业管理是社会公共管理的基础和重要内容，企业管理的模式决定社会政治管理的模式，企业管理的成败也将决定社会公共管理的成败。

儒家的根本诉求，就是实现对人和社会的有效管理，实现对家国天下的良性管理。儒家的管理思想是王道的管理思想，儒家的管理模式是王道的管理模式。

王道管理模式与霸道管理模式

现代管理模式源自西方，是西方文明现代化的产物。西方现代管理模式为经济发展、现代商业秩序与社会秩序的建构作出了巨大贡献，但同时也给人类社会带来了灾难性后果。西方现代管理以利益为目标，以人为工具，以物欲为动力，是典型的霸道管理模式。而儒家传统则明辨义利，推崇王道，反对霸道。儒商管理模式是王道管理模式，是儒家王道思想及管理智慧在商业文明建设和企业管理活动中的具体落实和运用。王道管理模式是对霸道管理模式的超越，是更为良性的管理模式。

1. 王道与霸道

“王道”体现了儒家管理思想最核心的价值。什么是王道？王者，以德服人，悦近来远，天下归往之意。

> 孟子曰：“以力假仁者霸，霸必有大国；以德行仁者王，王不待大——汤以七十里，文王以百里。”（《孟子·公孙丑上》）

从人格上讲，“王”是指古代的圣王，尧舜禹汤文武周公孔子，都是圣王。孔子以前，圣王合一；孔子以后，圣王相分。古代圣王从他们的生命人格中，体现了儒家的最高价值和普遍真理。王道，从人格上讲就是指古圣王之道。

其次，从义理上理解王道，按公羊家的说法：王道通三，参通天地人为王。王字三横中间一竖，三横分别代表天、地、人，中间一竖表示一以贯之。也就是说王道包含了天的价值、地的价值和人的价值。“天”的价值就是超越神圣的价值，即天道、天理，这是一切价值的神圣性源头。“地”的价值代表大自然，以及与地域相关的特定历史文化。

“天、地、人”三重价值分别代表了王道管理模式中管理权力的三重合法性。天的合法性，就是指管理权力的来源必须有一个超越的神圣价值源头，这个价值源头就是天道天理。管理的权力是上天授予的，管理权力的使用必须要符合天道天理，不能逆天而行，甚至伤天害理。

儒家不承认抽象、普遍的管理，在儒家看来，一切管理都是特定地域环境和特定历史文化环境当中的管理，都是对特定地域和历史文化环境中的人的管理。地域环境和人文环境不同，管理的模式就不同。西方人文环境中的管理模式，就不适用于中华文明的人文环境，所以，中国必须建立与自己的历史文化相同一的管理模式。

人的价值是说管理权力必须要得到民意的支持，必须要符合人性、符合人道，要做到以人为本，把人当作目的，而不是把人当作工具。一切违背人性的管理，一切不人道的管理，一切将人异化为工具的管理都是不合法的。所以，管理的权力必须要建立在天、地、人的三重合法性之上，这三重合法性就是天道的合法性、历史文化的合法性、人性民意的合法性。以三重合法性为基础的管理，才是王道的管理模式。在王道的管理模式中，天、地、人一以贯通，人与天的关系要和谐，人与地的关系和谐，人与人的关系也要和谐。《中庸》曰：“建诸天地而不悖，质诸鬼神而无疑”。是指超越神圣的合法性。“考诸三王而不谬，百世以俟圣人而不惑”是指历史文化的合法性。“本诸身，征诸庶民”是指人心民意的合法性。

只有在三重合法性的基础之上，才能全面解决管理权力的合法性问题。也只有解决了管理权力的合法性问题，我们才能创造出真正中国式的管理模式。只有创造出真正中国式的管理模式，我们才能在管理过程中建构一个稳定和谐的秩序，才能够获得长治久安及可持续的发展。

案例 10　郑和与哥伦布的区别

1492 年哥伦布横渡大西洋，发现美洲新大陆。这在人类文明史上，被称为“地理大发现”。哥伦布横渡大西洋时只有 3 艘船，第一次 90 人，最多的一次也不到 200 人。

中国的郑和 1405 年下西洋，共 240 艘船，27400 名船员，到过 30 多个国家。郑和下西洋比哥伦布整整早了 80 多年，规模胜过哥伦布百倍。当时中国具有世界上最强大的海军，但是郑和下西洋给世界各国人民带去的是天朝上国的文明，带去的是丝绸、瓷器、香料，带去的是和平，没有用武力侵略和掠夺任何一个国家。

在清代以前，中国始终都是世界超级大国。中国用自己的文化、道德教化影响了周边民族和国家，形成了包括日本、韩国、越南等在内的东南亚各国庞大的儒家文化圈。

哥伦布横渡大西洋，发现美洲新大陆，开启了西方殖民主义强盗向非西方世界疯狂扩张和掠夺的历史。在西方人眼中，发现了一个新大陆、新世界，就是发现了一个新的掠夺对象、新的征服对象。与西方殖民主义列强不同，中国的超级大国地位不是靠武力、靠军事暴力取得的，而是靠自己的道德、道义以及礼乐文教的文化魅力，让别人心悦诚服。别的国家是主动奉中国为天朝上国，心甘情愿前来朝贡，接受文明教化。这就是王道，王道以德服人，悦近来远，天下归往。

2. 王道管理模式与霸道管理模式的区别

王道，是儒家的管理思想和理念，也是儒家的根本精神和价值，是儒家作为“入世间法”最重要的本质特征。其落实在现实社会操作层面，可以是王道政治，也可以是王道管理模式。儒商管理模式是儒家王道思想理念与现代管理学相结合而创生的新型管理模式，是王道管理模式。西方现代管理模式以利益的最大化实现为目标，把人当做实现管理目标的工具，把物欲的刺激和张扬作为管理的激励机制，奉行霸道思想理念，是典型的霸道管理模式。

（1）西方管理模式是霸道管理模式

西方文明是一个霸道的文明，作为与西方文明同质化的现代管理模式，以效率为目标，以利益为诉求，以竞争博弈为手段，以科层化为特征，以人欲为动力机制，这是典型的霸道管理模式。霸道的管理模式与王道的管理模式是相对立的。

西方现代管理号称“科学化管理”，其管理学也称为“管理科学”。科学化的管理就是科层制的，以效率为中心的管理。这是一种低级的、简单的管理模式；是形而下的、不涉及精神和心灵的管理；是有术而无道的管理。“科学化管理”不具有神圣性和超越性，不具有崇高性和理想性，是现实主义和庸俗实用主义的管理模式。这种所谓的“科学化”特征，恰恰体现了西方管理模式的霸道本质。下面具体阐述其几种倾向。

专业技术化倾向：西方“科学化管理”，科层严密，分工明细，管理活动在严密的科层制及专业化分工基础上，成为可通过工具来把握和操作的行为模式。对企业的管理演变成为行政管理、生产管理、质量管理、营销管理、后勤管理、财务管理、人事管理等一系列的专业化分工。“管理”不再是有机整体的行为模式，而是彼此孤立，各司其职的，工具化模式化的“技术活儿”。

非人性化倾向：在西方“科层化”“专业化”为特征的管理模式中，管理者成为一部庞大管理机器上的一个部件，而被管理者则成为管理目标得以实现的工具。在管理过程中，管理者与被管理者都被异化。因而，西方“科学化管理”具有强烈的非人性化倾向。

唯利主义倾向：西方“科学化管理”无一例外都是以利益和效率作为管理的目标。管理过程中的一切行为都以效率和利益为诉求，凡是符合效率及利益原则的行为都是正当的，否则就是非正当的。为利益可以不择手段，只要不突破底线。利益和效率成为衡量管理成败的唯一标准。

物欲主义倾向：西方“科学化管理”的目标是利益的实现，其激励机制当然也只能是纯粹的“利益机制”和“利益驱动”。要使人为利益所动，就必须刺激和张扬人的物质欲望。要让人变成唯利是图的“经济动物”，变成“赚钱机器”和“消费工具”。只有当人为物质而活着且只为物质而活着时，“利益驱动”的机制才能真正有效，管理的目标才能实现。“物欲”是西方“科学化管理”的动力源泉，对物欲的刺激和张扬是西方“科学化管理”的又一重要特征。

非道德化倾向：西方“科学化管理”中，管理者与被管理者之间的关系是契约关系和利益关系。“科学化管理”没有伦理目的，没有价值理想，没有崇高性，因而具有强烈的非道德化倾向。

极端世俗化倾向：“科学化管理”以效率为目标，以利益为诉求，以竞争博弈为手段，以科层化为特征，以物欲为动力机制，没有神圣超越的价值源头，没有伦理道德意义上的崇高性，不承担对人的身心性命安顿的社会功能，是极端世俗化的技术活儿。

泛市场主义倾向：“科学化管理”以效率和利益为目标，而市场则是这一目标得以实现的重要因素，甚至决定性因素。因此“科学化管理”有着强烈的泛市场主义倾向。市场需求决定一切，符合市场规则和需求的管理行为就是合理的，否则就是不合理的。市场规则与市场需求成为真正操纵管理行为的幕后黑手！由于有市场需求，一切非道德的管理行为都将穿上合理的外衣。

上述特征充分表明，西方“科学化管理”以一种不可抗拒的外在力量让人在管理与被管理的过程中被迫屈从并无可奈何地遭到“异化”。这充分表明，西方“科学化管理”模式是典型的霸道管理模式。

（2）儒商管理模式是王道管理模式

西方霸道管理模式弊端重重并日益凸显，人类需要有一个较西方霸道模式更为良性的管理模式。人类需要开出一个全新的、和谐的、可持续发展的商业文明方向，需要建构一个超越西方经典的管理模式。这个文明方向就是“儒商文明”的方向，这个管理模式就是儒商管理模式，即王道管理模式。

儒商管理模式以人为本，强调在管理过程中对人的身心安顿及人格完善；反对把人与人的关系及人与自然的关系置于对抗博弈状态；强调管理的伦理目的和道德内涵；反对过度张扬人欲并以人欲为动力机制。我们可以从以下关系中来考察儒商管理模式的王道本质。

人与神灵的关系：儒商管理模式是王道的管理模式，王道通三，参通天地人，一以贯之就是王。也就是说王道的管理有一个神圣超越的价值源头，这个神圣超越的价值源头就是“天”。在儒家看来，所有人都是上天的子民，都是天生地养。管理者都是承天命，代上天管理子民。

管理者称为“君”，根据儒家君权神授的义理，管理者的管理权力是上天赋予的。管理者与被管理者的关系是“天伦关系”，不是“契约关系”，更不是利益关系。管理者的权力不是源于管理者所拥有的财富，也不是源于他的世俗社会地位，而是上天赋予的，即所谓“治权天授”。天命、天道、天理是管理者与被管理者共同信奉的价值，管理者和被管理者有着共同的信仰。企业不光是一个利益的共同体，同时也是一个精神价值的共同体，一个信仰的共同体，是全体员工包括管理者与被管理者共同的精神家园。因此，在儒商的王道管理模式中，管理具有身心性命安顿和精神家园建设的社会功能。管理不是一个纯粹世俗的行为，而是一个“替天行道”，“代天行权”，“则天而治”的具有神圣性的治世活动。

人与自然的关系：西方科学化管理是西方现代文化精神的具体发用，西方现代文明倡导人与自然的二元对立。因此，西方科学化管理是“人类中心主义”的管理模式。强调对自然的攻伐和索取，把人与自然纳入到对抗模式当中。科学化管理中凡是有利于攻伐自然和索取自然的管理行为，都是合理的、正当的；凡是有利于人的欲望实现的管理行为都是合理的、正当的。

而儒商的王道管理模式则恰好相反，强调人与自然和谐相处；强调人要有节制地使用自然资源；强调人要克制自身的私心和欲望，不能让私心和欲望主宰人类社会生活；强调人对自然要存敬畏之心，要尊重自然，不能破坏自然，更不能为了实现自己的欲望而无限制的掠夺自然。西方科学化管理模式是不可持续的管理模式，儒商王道管理模式才是真正可持续的管理模式。

人与财富的关系：西方科学化管理以利益为目标，以物欲为动力机制，人在这一管理过程中被异化为赚钱机器和消费工具，财富成为目的，人变成了手段。而儒商王道管理模式则以“安人、安天下”为目标，物质财富只是实现这一目标的手段，人成为真正的目的。

儒家强调义利之辩，认为财富是一柄双刃剑，既有其正面价值又有其负面价值。让百姓致富，有自己的产业，这是符合天理人情的，这是其正面价值。但财富又会腐蚀人性，对人的生命人格的完善具有负面作用。所以儒家强调“义利之辩”，主张以义制利，义利合一。要让人成为财富的主人，能够控制它、运用它，把财富当成完善生命人格，实现“安人、安天下”这一管理目标的手段和途径，而不是让人成为金钱和财富的奴隶。所以儒商的王道管理模式才是真正的以人为本，以人为目的的管理模式。而西方科学化管理所说的以人为本，实际上是以人欲的满足为本。

管理与被管理的关系：孟子曰：“劳心者治人，劳力者治于人。”治，就是管理。在儒家看来，管理者与被管理者的区别就在于管理者是劳心，被管理者是劳力，他们的区别就在于劳动的性质不一样。管理者治权天授，是代天行权，替上天管理子民，就必须做到爱民如子，要以仁爱之心，以恕道、仁道对待被管理者。而被管理者则要怀敬爱之心，要做到以忠事上。管理者为君，被管理者为臣，君臣之间各守其道，为君者以“仁恕”待下，为臣者以“忠义”事上。管理者与被管理者之间不是冰冷的契约关系，也不是赤裸裸的利益关系、雇佣关系，而是君臣关系。

企业与社会的关系：在西方科学化管理模式下，企业是一个纯粹的经济实体，企业存在的意义和价值就是在市场经济中从事商业活动，赚取利益，实现投资者利益最大化。企业没有伦理目的，没有道德价值目标，不具有社会担当，只是一个“唯利是图”的经济实体。

在儒商王道管理模式下，企业不是纯粹的利益集团和经济组织，是具有社会担当、社会责任和义务的组织体，是公共社会最基本的构成单元。儒商王道管理模式，把企业管理纳入到家国天下的社会理想和体系中，成为“齐家、治国、平天下”王道事业中最基本和最重要的一环。在今天看来，企业管理就是“齐家”，企业就是现代社会的“家族”，企业有着和传统社会中家族相似的职能，都是公共社会的基本构成单元。在王道的管理模式中，企业管理不是一个单纯的经济实体意义上的管理，其目标也不仅仅是经济利益的实现，而有着更为丰富的内涵，有着更为崇高的意义。企业管理是“齐家、治国、平天下”王道事业的重要内容，企业管理是整个社会管理和家国天下管理中不可或缺的组成部分。

儒商管理模式的“王道”本质

1. 儒商管理的性质

在西方现代管理学视域中，企业就是一个纯粹的经济实体，是追求物质利益和经济效益的纯经济存在物。企业就是一个利益集团，一个纯利益体，企业存在的理由和价值，就是经济利益的实现。企业只是市场经济游戏中的一个参与主体，是人们参与社会利益角逐的一种组织形式。从法权意义上讲，企业没有任何社会担当，“唯利是图”就是现代企业的社会职能定位。

经济利益和效率就是管理的目标和价值取向，从这个意义上说，西方管理学是“唯利主义”管理学。

在西方社会，企业只是资本增值和营利的工具，是资本家、财阀与寡头谋取私利、控制社会政治的工具。许多跨国公司及财团甚至凭借资本力量对社会政治和公共秩序施加不良影响，他们通过庞大的经济实力，利用“民主法制”的游戏规则，收买媒体及各种社会资源、操纵选举、控制政权及国家机器，把国家资源和国家机器变成为企业集团利益服务的工具。而在儒家看来，企业必须具有崇高的伦理目的和道德理想，资本应该成为社会公共事业的助力，而不是个人欲望实现的工具。儒家不主张由资本来控制国家，由资本意志来取代国家意志。

故此，儒家关于企业的性质及社会职能定位有别于西方，儒商企业不是一个单一的经济实体，不是一个以追求物质利益和经济效益为唯一诉求的唯利是图“利益体”，而是整个人类现代社会政治生活中最重要和最基本的公共组织，是现代社会最基本的构成单元。西方以个体生命作为社会肌体的基本构成单元，而儒商文明模式则把“企业”这个群体作为社会肌体的基本构成单元。

在儒商管理模式中，企业就相当于传统社会的“家族”，是最小的公共社会组织，儒商企业管理就是“齐家”。“齐家”是“治国、平天下”的基础，因此，儒商企业管理也是社会管理和国家管理的重要组成部分，是社会公共管理的重要内容之一。

在西方，国家只是一个“守夜人”，企业只在法律的底线上进行自我管理和规范。在儒商企业的王道管理模式中，企业管理被纳入到整个社会的公共管理体系中，把企业管理定位成社会公共管理最重要最基础的组成部分。企业必须有相应的社会责任和义务，有“兼济天下”的社会担当。企业管理必须符合国家管理及社会管理的大原则和大方向，必须成为社会公共管理的有机组成部分。

2. 儒商管理的目标

由于儒商企业的性质及社会职能与西方现代企业有着重大的区别，因而儒商企业的存在意义和管理目标也不同于西方现代企业。西方现代企业管理以经济效益的最大化实现为管理目标，为达到此目标，不惜把人当作工具。与此相反，儒商的王道管理模式则把人当作目的。儒商管理的目标是：“安人、安天下”。

“安人、安天下”，具体说来就是要实现管理者与被管理者生命人格的完善；为管理者与被管理者建构和谐的物质家园与精神家园；创造和维系一种良性的治理结构与社会秩序，从而实现

“家齐、国治、天下平”的王道理想。

儒家非常重视“安人、安天下”，圣人曰：

> “盖均无贫，和无寡，安无倾。”（《论语·季氏》）
>
> “老者安之，少者怀之。”（《论语·公冶长》）
>
> “修己以安百姓，尧舜其犹病诸。”（《论语·宪问》）
>
> “远人不服则修文德以来之，既来之，则安之。”（《论语·季氏》）

能“安人”的地方就是王道的乐土：物产丰富，社会稳定，人际和睦，制度美好，环境优雅，人尽其才，物尽其用，悦近来远，盗贼不作，路不拾遗，夜不闭户，安居乐业。

“安人”是儒家最重要的治人治世之道，也是儒商最重要的管理之道。如何才能做到“安人”呢？那就是按照孔子“庶富教”的思想，从物质和精神两个方面着手，在物质上要“置民之产”，以民为本，藏富于民，要让被管理者在物质生活上得到基本的满足。“基本满足”的意思，不是说有吃有穿，而是孟子所说的“上足以事父母，下足以蓄妻子；乐岁终身饱，凶年免于灾祸”。

荀子曰：“不富无以理民情，不教无以理民性。”在为被管理者提供物质家园的同时，要提供精神家园，在满足其物质需求的同时，要满足其精神的需求，要对百姓进行道德人格教化，进行身心性命的安顿。只有这样，才能称得上“安人”。只有做到了“安人”，才能“齐家”，让企业得到全面可持续的发展；也只有做到了“齐家”，才能实现“安天下”的终极理想。所谓“安天下”，就是要兼济天下，建构一个经济繁荣、秩序稳定、政治清明的和谐社会。

物质匮乏，基本生活得不到保障；压力太大，身心疲惫；缺乏良好的工作环境和生活环境；没有良好的社会政治秩序，生命财产安全受威胁；身心性命无处安顿，没有精神家园；没有和谐的人际关系等等，都是“不安”的因素。

荀子曰：“人莫贵乎生，莫乐乎安。”（《荀子·强国》）

在儒家看来，生命人格的完善，身心性命的安顿，格致正诚的自我修身，齐家治国平天下的社会理想，说到底，目的只有一个，那就是——安人。要让人们能够明明德，致良知，人格完善，有士君子之行；同时，又能够建构一个有着美好制度的和谐的良性社会。身心性命的安顿是内在的，“家齐、国治、天下平”的美好社会是外在的。完善人格与完善社会；道德的人与道德的社会；物质家园与精神家园，都是“安人”必备条件。

西方心理学家马斯洛提出了一个著名的“需要层次”论，他把人的需要分为5个层次：

①生理需要

②安全需要

③情感和归宿需要

④对尊重的需要

⑤自我实现的需要

我们不难看出，马斯洛所提出的人的需求都是“身”的需求，而没有“心”的需求。而在人的需求中，“心”的需求是更为根本的需求，这是人与动物的区别所在。当这5个方面都得以满足时，人“身”可安，而“心”却未必得安。“心安”是人的精神灵魂的安顿，是身心性命的安顿。人心之安才是“安人”的根本所在。

美好的制度、良性的秩序、丰富的物质条件、和谐的人际关系、轻松愉悦的工作环境等，这些都是“安人”的外在条件。生命内在的安宁才是最根本的安人之道：信仰体系的确立、生命意义的获得、价值目标的明确、生命境界的提升、道德人格的完善等等。人最大的幸福，最美好的生存状态，最佳的生命形态就是“安”。

不安人，无以安企业；不安企业，无以安社会；不安社会，无以安天下。儒商企业的管理目标就是——安人、安天下。

3. 儒商管理的途径

西方现代管理以效率和利益的实现为最终目标，为了达成这一管理目标，西方现代企业管理建立了一系列高效率的理性化的制度和工具，制度和工具是西方现代管理得以实现的根本途径。而儒商企业则把安人、安天下作为管理的最终目标，“安人、安天下”就是要实现被管理者道德生命人格的完善；为被管理者建构和谐的物质家园与精神家园；创造和维系一种良性的治理结构与社会秩序，实现“家齐国治天下平”的王道理想。要达成这一目标，光靠冷冰冰的科层化的制度和工具是办不到的，而必须靠人来实现。在儒商管理中，人，既是目的，也是手段和途径。儒商管理不仅强调人在管理中的目的性，同时也强调人在管理活动中的主体性和能动性。

> 荀子曰：“有乱君，无乱国；有治人，无治法。”（《荀子·君道》）

一切管理活动的成败都取决于人，取决于管理者和被管理者，而不取决于外在的制度。制度和工具只是人在管理活动中的助力。对儒商企业而言，一个优秀的管理者所要做的，不是去照抄照搬别人的管理制度和工具，按照别人的模式亦步亦趋，步人后尘，而是要参通天人，明天道天理，通人情事理，做到格物致知，要在“人”上面下功夫，而不是在制度上面下功夫。

“人主者，以官人为能者也。”（《荀子·王霸》）

“主道识人，臣道知事。”（《荀子·大略》）

在儒商的管理中，管理者被称为“君”，或称为“主”，一个优秀的管理者，就是明君、明主。明君明主的标志就是参通天人，能明理尽性，达人情事理，做到一以贯之。明主就是通人。一个优秀的管理者，一个明君明主，所要做的就是一件事情，那就是——官人。官人，顾名思义就是“让人做官”。用今天的话讲，就是发现人才并把他提拔到适合于他的岗位上去从事管理工作。“官人”包括：爱人、识人、育人、举人、驭人、达人。

“爱人”，在这里是指爱才、惜才。一个优秀的明君明主必须要懂得爱惜人才，珍惜人才，要礼贤下士。一个为君者，只有做到了这一点，天下英才、雄才及贤德之人才能聚于麾下。正所谓千军易得，一将难求。得人者，得天下，有天下贤才、英才、雄才相助，方可成就一番大业。

“识人”，是指一个为君者，一个管理者，必须善于识人，要能够识英雄于草莽，要在真正的人才没有发达的时候，没有脱颖而出的时候，就能发现他，识别他。这是“官人”的第二个要素。只有能够识别真正的人才，才能“官人”。识人要做到听其言、观其行、察其色、辨其隐。听其言就是从言论、谈吐看一个人的志向、涵养、风骨、格局、品性；观其行是说从行为举止、所作所为辨别他的才德；察其色就是从表情、脸色及人的情绪波动变化来了解其气质之性，从而辨其品质；辨其隐就是从显象看隐象，由表及里，由外及内，由形到实来了解和认识一个人的本质。

“育人”，就是要按照管理的需求，按照管理工作的需要，按照儒家德才兼备的人格理想和价值取向，来教化和培养管理人员。大凡人才都有过人之处，但同时也有毛病和缺陷，要通过教化、培育和磨练才能造就出真正优秀的管理人员。玉不琢不成器，好的人才胚子必须要通过精心雕琢和打磨才真正可堪大任，真正的人才都是培养出来的。

“举人”，就是推举、选用、任用人才。只要是真正德才兼备的人才，为君者就要敢于排除一切阻力和障碍，大胆任用，破格录用，把他放在应有的位子上，让他充分发挥出他的能量，展示他的才华。举人不论出身、性别、年龄、地位、资历，甚至不媚民意，不管毁誉，唯德是尊，唯才是举。

“驭人”，就是管理、驾驭和控制人才。大凡人才都有过人之处，正因为有过人之外，所以大都恃才傲物，甚至目中无人。自古才大难为用，真正的人才非明主明君不能驭，不能用。为人主者，生命境界、道德水准、人格魅力、胸怀肚量及智慧谋略若稍有欠缺都不足以驭人。驭人之道分为“以势驭人”、“以法驭人”、“以术驭人”、“以德驭人”、“以道驭人”五个境界。

“以势驭人”是说为君者靠强势和力量迫使别人屈服于己、依附于己以达到驭人的目的。比如：用暴力、用金钱、用利禄驭人，这是最低级的驭人之法。“以法驭人”是说为君者用制度法律去驾驭和控制人才。“以术驭人”则是用机谋、手段驾驭人。“以德驭人”则是指用道德、人格的魅力让别人心悦诚服以达到驭人的目的。最高的是“以道驭人”，是通过共同的价值观和共同的信仰让大家凝聚在一起，以达到驭人的目的，以道驭人也称精神驭众。

“达人”，就是说为君者必须按照儒家君臣之道以“恕”待下，达己达人。圣人说：“己欲立而立人，己欲达而达人”。要让人才在整个管理活动中与为君者一起受益，共同发展，共同发达。为君者要把自己的事业当作大家的事业，要让所有的人才都把君上的事业当作自己的事业来对待。为君者要带领大家共同创业，同时也要让大家共同发展，共同受益。

4. 儒商管理的职能

在中国文化的语境中，管理就是“政治”。政，泛指一切社会公共事务，即“齐家、治国、平天下”的事务。治，就是去管理。儒家把管理当作神圣的大事，是代天行权，是替昊天上帝布天恩天德于百姓。因此，儒家强调“以道驭政”，强调管理必须符合天道天理，要以天道为准则，法天而治。现代社会，企业只是市场经济中的一个行为主体，一个以营利为最终目标的经济实体，没有太多的社会担当。因此，其管理的职能也是以企业经济利益的实现来定位的，不具有更多的社会职能。与此相反，儒商企业作为最基本的社会公共组织机构，不以企业的营利为唯一目标，儒商企业管理是社会公共事务管理的重要组成部分。因此，其管理职能较普通企业而言具有更为深厚和广泛的内涵。

对儒商而言，企业管理是“齐家、治国、平天下”的事业。

企业是现代社会的“家”，企业管理就是“齐家”。“齐家”是治国平天下的基础，是整个社会公共管理的重要组成部分。故此，儒商企业的管理与普通企业管理相比较，有其特殊的管理职能。现代儒商企业，不仅仅是一个经济实体，而且是一个基本的公共社会构成单元，其职能如下几块。

（1）组织职能

现代社会不同于传统社会，传统社会生产方式与社会结构方式都非常简单。现代社会社会结构方式、生产方式、生活方式都变了，工业化、都市化、市场化等现代化进程使宗法血缘为基础的聚族而居的家族组织消失了，代之而起的社会公共组织就是企业，企业成为现代社会最基本的社会结构单元，成为人们以某种同一性为纽带凝聚成的社会群体组织。

企业是现代社会的产物，是现代商业社会中社会生产的重要组织形式和社会构成的实体形式。社会生产是由企业来实施的，以市场为中心的商业社会是由企业为实体来构成的，因此儒商企业管理不仅仅是企业自身的生产经营管理，它还是整个社会生产和社会秩序管理的重要形式和内容，它具有社会生产和社会公共管理意义上的组织职能。

（2）教化职能

与普通企业不一样，儒商企业管理者与被管理者有共同的信仰，都信奉圣人之道。儒商企业是现代社会中的家族组织，它不仅是企业员工的物质家园、世俗家园，也是员工的精神家园。儒商企业以“安人、安天下”为管理目标，这一目标的实现有着多方面的内涵，其中包括身心两方面的安顿。儒商企业的管理要在物质和精神两个方面对人性、人格进行完善。所以，儒商企业有着对员工进行教化的职能。只有在教化的基础上，员工才能成为一个有儒家信仰，自觉遵守儒家伦理规范的生命人格完善，身心性命有所安顿的人。因此，教化是儒商企业管理目标得以达成和实现的重要手段和途径。企业员工教化是进行社会教化的重要形式和途径，儒商企业管理具有社会教化的职能。

（3）治世职能

治就是管理，世就是社会，治世就是管理社会。企业既然是现代商业社会最基本的社会构成单元和实体，那么企业管理就是社会管理最重要的内容，企业管理的成败就直接关系到社会管理的成败。企业管理的模式在很大程度上决定社会管理的模式，企业管理模式跟社会管理模式必须要具有高度的同一性。只有企业管理与社会公共管理具有同一性，企业管理才具有良好的治世功能，并为良性社会秩序的形成提供根本的支持和保障。

西方科学化管理的霸道本质与西方社会政治的霸道本质是相统一的，都是西方基督教文化精神价值在企业管理和社会政治公共管理中的具体落实和表现。同样，儒家的王道价值也必须同时落实在企业管理和社会政治的公共管理中。如果中国的社会政治奉行王道，而企业管理奉行西方的霸道，那么企业管理和社会政治管理就会相疏离，甚至相对抗，企业管理就会成为社会公共管理的障碍和阻力。

儒商的王道管理模式包括儒商的企业管理模式和社会公共管理模式，在社会公共管理普遍奉行王道价值的前提下，儒商企业管理具有王道政治意义上的治世职能。有王道的企业管理模式才有王道的社会公共管理模式和王道政治模式，企业管理就是“齐家”，是“治国、平天下”的基础，儒商王道的企业管理模式是儒家王道政治得以实现和落实的前提，儒商企业管理具有王道政治意义上的治世职能。

（4）创造职能

王道作为儒家核心价值理念，在传统农耕社会，落实为普遍王权制下的文官制度及以家族制度为核心的民间自治管理模式。在现代社会则可以落实为以儒商企业管理模式和儒教宪政为核心的现代社会公共管理模式。儒商企业管理模式是王道的商业管理模式，儒教宪政的管理模式是王道政治的模式。

儒商企业管理模式是以儒家礼乐文化精神对治西方契约文化精神，以儒家王道价值对治西方霸道价值的基础上，吸收了西方企业管理的合理资源，创造性建构出来的超越西方经典模式的企业管理模式。而儒教宪政则是王道政治价值在现代社会的具体制度性落实，是以儒家王道价值为根本，吸纳西方宪政民主的合理资源，创造性建构适合中国国情的公共社会管理模式。

总之，儒商王道管理模式具有“创造职能”，是在现代社会返本开新，实现中国传统文化创造性转化的重要途径和成果。这一模式除了在社会生产和社会管理意义上具有创造职能外，同时，对于中国文化的复兴和中国管理模式及商业文明模式的建构也具有重大的创造性。儒商王道管理模式的创建将为中国文化的现代转化，为儒家传统“现代治理结构”的形成奠定基础，在当下中国具备现代商业文明模式建构意义上的创造职能。

（5）安全职能

儒商企业管理模式的安全职能体现在两个方面：其一，为员工提供安全保障；其二，为社会秩序提供安全保障。从企业内部来看，每一个人都具有对安全的需要，尤其在现代社会，工作压力和生活压力、精神压力、心理压力都越来越大，人际关系越来越冷漠，人们在社会上越发感觉孤立、无援、无助，随时随地都缺乏应有的安全感。企业为人们提供应有的安全保障，成为人们安全感的重要来源。

儒商企业以“安人、安天下”为目标，以人格的完善和人性的圆满为目标，而不以纯粹的经济利益为目标；儒商企业强调人际关系的和谐、和睦，而不是对抗、博弈和竞争，不主张给员工施加太大的心理和工作压力。同时，儒商企业还为员工提供共同的信仰和价值观，提供身心性命安顿的精神家园。因此，儒商企业不仅能够为员工提供物质意义上的安全保障，同时还能为员工提供心灵、精神的抚慰及安全感，以满足人们对于心灵安全的需要。

儒商企业作为公共社会的基本构成单元，是社会秩序得以稳定的重要环节，是“齐家、治国、平天下”王道事业中基础性的一环。所以，儒商企业的管理对于社会秩序的形成和稳定有着重要的作用，为社会公共安全提供了重要的保障。儒家的根本精神就是要追求一种理想的秩序，在儒家看来，理想的秩序是人们身心安宁的重要保障，是人们安全感得以满足的基本前提。所以，儒商企业管理具有不可忽视的重要安全职能。

（6）归宿职能

儒商企业不是一个纯粹的经济实体，而是现代商业社会中最基本的公共社会构成单元。企业内部，人与人之间的关系不是纯粹的利益关系，管理者和被管理者之间的关系是君臣关系，而不是纯粹的契约关系。所有员工都是企业大家族的成员，他们之间是一种和睦的、暖融融的天伦关系。在企业内部，君臣有义，男女有别，长幼有序，上下和睦，人们在这里就像在家一样；所有的同事都是兄弟姐妹，人们有共同的价值观，有共同的信仰，遵守共同的伦理道德规范。他们不仅拥有共同的世俗家园，也拥有共同的精神家园，企业为员工提供身心两方面的归宿。由此可见，儒商企业管理为人们身心性命的安顿提供必不可少的条件，在现代商业社会具有不可取代的归宿职能。

（7）凝聚职能

由于儒商企业有着世俗家园和精神家园的职能，是人们身心性命的安顿之所，因此它能够得到员工的高度忠诚，对员工具有强大的凝聚力，能够把个体凝聚成为一个强有力的群体，从而产生巨大的合力与共振。如果所有的企业都能够提供这样的凝聚力，产生这样的合力与共振，那么整个社会就将在企业王道管理模式的治理结构下凝聚成为一个庞大的群体。这种社会凝聚力又同时可以派生出强大的动员力和执行力，可以通过企业管理的方式动员社会力量，参与到社会建设和社会创造之中。企业管理就是齐家，只有齐家才能治国，才能平天下，所以在儒家看来，企业管理是良性社会政治秩序建构的前提，是治国平天下的基础。从这个意义上说，儒商企业管理还具有强大的社会动员职能和参与职能，是公共社会管理和建设的重要形式。

（8）传承职能

在儒家看来，企业作为社会公共组织是一个有机生命体，它不仅要承载每一个企业员工的生命及其精神价值，同时它还必须把这种生命和精神价值永远传承下去，让这种价值在历史和群体延续中获得永恒。员工作为个体生命也因为这种参与、延续、传承而获得永恒的价值和意义。企业在这种永恒的历史传承中成为百年老店，实现企业创业垂统的价值目标。企业的创办人及参与者也在这种群体的延续中，让自己的世俗商业行为具有了神圣、超越的永恒价值。另一方面，企业文化及企业管理模式作为社会文化的一种形式，在企业的传承过程中得以保留和传递，并成为子孙后代因时创造的资源。中华文明就在这种传承中繁衍延续，生生不息。儒商企业管理具有文化传承的职能。

5. 儒商管理的特征

“劳心者治人，劳力者治于人。”（《孟子·滕文公上》）

劳心者就是管理者，与现代所谓脑力劳动不一样，劳心者不是脑力劳动者，脑力劳动者也是劳力者。“劳力”分为脑力劳动和体力劳动，无论是脑力劳动还是体力劳动都是劳力。而劳心，则是“心的劳动”，管理工作用的是“心”，而不是脑。许多技术性的、专业性的劳动，都属于脑力劳动，但是从事技术性、专业性劳动的人，都是劳力者，而不是劳心者。劳心者是特指从事管理工作的人。各种专家、工程师、技术人员、医生、律师、文艺工作者，甚至包括许多所谓的学者、教授，都是脑力劳动者，是“劳力”者。

劳心者，则是用心去从事管理工作，去跟人打交道，去建构和维系一种良性的人际关系和社会秩序，以达至管理的目标。在儒家看来，劳心者所做的工作，就是“齐家、治国、平天下”的工作。劳心者，就是大大小小的各个领域、各个行业、各级社会公共组织中的管理者，或曰统治者。正因为他们是劳心者，所以，在儒家看来，劳心者必须要有一颗善良的心，有一颗道德的心，有一颗有良知的心。所以，就要求所有的劳心者、管理者和统治者必须加强自身道德人格的修为。要从事齐家治国平天下的工作，就必须要先修身，修身也是修心，是身心双修。

由于儒商企业的管理工作是“劳心”的工作，故此，儒商的管理就具有劳“心”的特征，就要用“心”，要在“心”上下工夫。儒商管理的特征主要表现在一些几方面：

（1）德主刑辅，教化为本

“德”是道德，德主，就是说儒家的管理是以德治、仁政为主，强调管理的道德性，管理的道德性包括对管理者和被管理者的道德要求。儒商管理是一种道德首出的管理，它要求管理者在行使管理权，对管理对象进行管理的过程中，要推行德治、仁政，要做到“为政以德”。管理者要以仁待下，以恕待下，要有为人父母之心，要爱民如子，把被管理者当作自己的亲人和子女来对待。儒家的管理是圣贤君子的管理，没有君子的品行，没有圣贤的心肠，就不具有做一个管理者的资格。

“德主”的内涵，除了对管理者的道德要求以外，同时也对被管理者提出了道德要求，强调被管理者在接受管理过程中的道德自觉。被管理者应具有廉耻之心，主动自觉地为善去恶。

> “善政不如善教之得民也。善政，得民财；善教，得民心。”（《孟子·尽心上》）

要让被管理者产生道德自觉，就必须对被管理者进行教化，相比制度、规范、物质激励等管理手段和措施，教化直指人心。

“刑”是指法律和制度。也就是说在儒商的管理中，制度只能起到辅助的作用，而不能在管理中起主导作用。制度法律等外在规范只是仁政、德治管理模式的辅助手段。法律及制度只能止恶，不能驱人向善，所以制度管理在儒家看来，只是管理的辅助手段和形式。要让被管理者产生道德自觉，就必须对被管理者进行人格的培育和教化。通过教化，“化性起伪”，“变化气质”，克制私欲，使人自觉向善，为善去恶，成为一个道德人格完善的君子。所以，儒商的管理过程也是对员工进行人格教化的过程，进行德性培育的过程，是被管理者道德人格完善的过程。圣人曰：“君子务本，本立而道生”。儒商的管理就是要务本，务本就是要对员工进行人格教化，使被管理者成为生命人格完善的人。只有被管理者产生了源自生命内在的道德自觉，管理行为才会真正有效，才会从根本上解决问题，最终达成并实现管理目标。

（2）正己正人，修己安人

正己、修己是指管理者必须进行自我修身，提高自己的道德水准，完善自身道德人格。这是管理者对自身的管理，是对管理者本身的要求，也是管理者从事管理活动所必须具备的基本条件。儒商的管理是“治教一体”的管理，教化是管理的重要内容，管理者不仅要对被管理者进行管理，还要进行教化。言教不如身教，一个管理者必须要正己方能正人，必须要具备较高的道德水准及相应的道德人格，才能有资格从事管理活动，对被管理者进行管理和教化。

儒家的管理是以德为主的管理，是君子圣贤的管理。这就是对管理者本身提出了很高的道德要求。孟子曰：“劳心者治人，劳力者治于人。”管理者就是劳心者，就是治人者。其心不正何以正人？只有正己才能正人。《大学》云：“是故君子有诸己，而后求诸人；无诸己，而后非诸人”。一个管理者必须自己有了较高的德行，有了君子的人格，你才能要求别人具有同样的道德人格。一个小人是没有资格要求别人做君子的。一个管理者只有自己做到了克己奉公，无私无欲，才有资格要求别人克制私欲。一个贰臣贼子没有资格要求别人做忠义之士，一个奸诈之徒也没有资格要求别人诚实守信。所以儒家在管理过程中特别要求管理者自身的道德修养，儒家对管理者提出了较被管理者更高的道德要求。

“政者，正也，子率以正，孰敢不正?”(《论语·颜渊》)

“其身正，不令而行；其身不正，虽令不从。(《论语·子路》)

“君仁，莫不仁；君义，莫不义；君正，莫不正。正君而国定矣。”(《孟子·离娄上》)

管理就是正人，正心。能够正人正心，就能够让被管理者产生道德自觉，从而达至管理的目标。要正人，就必须先正己，要正人心就必须先正己心，要安人就必须要先修己。这是儒商管理的第二个特征。

(3) 忠孝治企，情义无价

亲亲，就是爱自己的亲人。仁民，就是要兼爱天下百姓，要博施于民而能济众。儒商企业跟普通的现代企业不一样，它不是一个单纯的追求利益的经营性组织，它有着自己特有的社会担当。儒商企业除了具备经济实体的特征以外，它还要为员工提供身心性命的安顿，是所有员工的家园，员工身心性命的安顿之所，它是公共社会的一个基本单元，儒商的管理是社会公共管理的重要组成部分。企业就像一个大家庭，管理者就像父母，被管理者就像子女，管理者要像爱护子女一样，要像爱自己的亲人一样来对待被管理者。管理者就是父母官，被管理者就是子民。管理者必须要拥有为人父母的慈爱之心、仁爱之心，要真心实意地像对待自己的亲人和子女一样去对待被管理者。只有拥有了这种父母一般的慈爱心肠，才能成为一个真正合格的管理者。

> "为人君，止于仁；为人臣，止于敬；为人子，止于孝；为人父，止于慈"。(《大学》)

在儒商企业的管理过程中，要特别彰显儒家孝道的价值，要做到以孝治企，用孝道来管理企业。一个管理者必须具有君父般的仁慈之心，一个被管理者必须具有为人臣子的忠孝之心。这是情和义，是天理人情。情义无价，在管理过程中，任何制度规范和利益机制的管理效果都不能与"情义"相提并论。管理者与被管理者之间的关系不是利益关系和权利关系，也不是契约关系，而是君父与臣子的关系，是重大的人伦关系，也是天伦关系。被管理者以忠孝事上，管理者以仁慈待下，其管理行为才能符合天理人情，才具有正当性与合法性。这样形成的管理秩序才是符合天理人情的秩序，这样的管理才是儒商的管理，王道的管理。

案例 11　从晋商的管理看儒家的"忠"德

晋商是我国明清之际的重要商帮，晋商在人类商业文明史上，创造了无数管理奇迹，形成了中国式的管理模式。在今天看来，实在是匪夷所思。晋商在管理过程中，成功地运用了“君臣之道”，从而形成了良好的管理机制，取得了奇特的管理效果。

财东们把数十万甚至上百万的银两交给伙计，去遥远的蒙古、西伯利亚、东欧做生意。一去就是几年，交通不畅，通讯不便，在今天看来，简直无法控制。但是，几年后伙计们连本带利全给你交回来。

在晋商500年的历史上，从来没有出现过一例“携款潜逃”的事件！这是人类商业文明史上的奇迹。

晋商是怎么做到这一点的呢？在管理中，晋商把伙计当作自己的家人来对待，用儒家圣人之道来教化和培养下属，把伙计都培养成为商场上的谦谦君子和忠义之士。并通过一系列的制度保障，让每一个伙计都有成长发展的机会。财东以仁待下，以恕待下，因而得到了伙计的忠诚，从而实现这样的管理效果。这样的效果靠合同，靠契约，靠高薪能获得吗？显然不能！

只有忠诚，绝对的忠诚，才能达到这种效果。而这种绝对忠诚从哪里来？从“君臣之道”中来，从“情义无价”中来，从儒家的教化中来。这就是儒商的管理之道！中国式的管理之道！

(4) 尊贤使能，民贵君轻

贤，就是有德之人；能，就是有能力的人。尊贤使能，就是要尊重有德之人，要任用有能力的人。那么天下有德有才之人，有能力之人就会趋之若鹜，就能形成一种良性的管理机制，让优秀的人才脱颖而出。

“贤者在位，能者在职。”(《孟子·公孙丑上》)

“惟仁者宜在高位，不仁而在高位，是播其恶于众也。”（《孟子·离娄上》）

儒商的管理是贤人管理，是仁政、德治的管理，所以管理过程中应该以尊贤为第一义。只有让有德之人，让贤能之人居于高位，居于管理的地位，才能保证德治仁政的施行。因此，儒商管理对管理者提出了较高的道德要求及人格标准，儒商企业的管理者必须是具有较高德行的人，具有较高道德水准的人。这是管理者所必备的条件，只有具备了这一条件才拥有管理他人的资格。在儒家看来，管理的权力必须交给有德之人，交给贤者，由贤德之人来行使管理的权力，才能够保证管理行为的道德性，才能使管理活动趋善去恶。一个管理者如果不具备相当的道德水准，他就很有可能利用手中的管理权力作恶，为害他人，为害企业，为害君上，为害社会。所以儒商的管理必须要尊贤使能。

儒商的管理思想是“民本”的管理思想。对于企业而言，民，就是被管理者。一个企业的管理者，必须要有“以民为本”的思想，才能真正做好企业的管理工作。要在管理过程中做到以民为本，就必须把被管理者视为子民，要“亲亲、仁民”，要把被管理者当作自己的亲人来对待。具体说来，以民为本就是要做到“爱民、保民、养民、教民、治民、安民”。以“民”作为目的，而不是把“民”视为手段和工具。

民，为上天之子，管理者代天行权，则天而治，需以民为本，施德于民。如此，方能符合天道天理，其管理行为才具有合法性与正当性。

“保民而王，莫之能御也。”（《孟子·梁惠王上》）

“以不忍人之心行不忍人之政，治天下可运之掌上。”（《孟子·公孙丑上》）

从管理行为的有效性来讲，只有做到以民为本，才能得其民心，得到全体员工的最大忠诚，才能把企业做强做大，才能得到企业的长治久安和可持续发展。

总之，儒家的管理目标就是要实现个体生命的完善和社会的完善，要造就道德的人和道德的社会，要塑造美好的人性和美好的社会。

（5）以企为家，兼济天下

家，就是家族。在封建社会，家是卿大夫的封地。秦汉以后的中央集权制下，家，是指以血缘为纽带的聚族而居的宗法制家族群体。在现代商业社会，随着市场化和城市化进程的推进，聚族而居的家族已逐步解体，社会生产方式和结构方式都发生了重大的变化。企业成为现代社会最基本最紧密的公共社会构成单元，企业就是现代社会的“家”。儒商企业就是现代“家族”。因此，儒商企业的管理就是一种“齐家”式的管理。儒商企业在现代社会具有“家族”的社会功能和担当。

在现代社会，儒商企业管理就是“齐家”。欲治其国者先齐其家，齐家是治国平天下的基础。因此，企业管理也是现代公共社会管理最根本和最基础的内容。要管理好社会，建立良好的秩序，实现治国平天下的崇高理想，就必须先齐家，先管理好企业。企业，在现代商业社会是人们从事社会生产和社会生活的重要组织形式。企业员工得以教化，就是国民得以教化；企业员工道德水准的提升，就是国民道德水准的提升；企业良性秩序的形成，就会促进社会良性秩序的形成；企业文化的创造，就是社会文化的创造。总之，良性的企业管理模式的形成，就是良性的公共社会管理模式的形成，是儒家现代治理结构的形成。所以，企业管理就是治国平天下的基础，是实现良性社会秩序及和谐社会建构的根本保障。

（6）神道设教，精神御众

企业既然是一个家族，是一个公共社会的构成单元，那么它就是重要的社会文化载体。企业的凝聚力源自于共同的利益，共同的命运，共同的价值观以及共同的信仰。企业不仅是员工的世俗家园，同时也是员工的精神家园，是员工身心性命的安顿之所，是员工精神灵魂和情感的最终归宿所在。

> “圣人以神道设教，而天下服矣。”（《易经·观卦·彖》）

儒商企业的管理者和被管理者，都有一个共同的价值观，那就是圣人之道；有一个共同的信仰体系，那就是儒教。儒家不仅是一个人文精神传统，同时也是一个具有超越神圣价值的信仰体系。儒教有着庞大的神灵体系，有自己的经典和解释系统，有完备的礼仪制度，有独特的神人沟通方式及最宏伟的道场。

> “人之有道也，饱食、暖衣、逸居而无教，则近于禽兽。”（《孟子·腾文公上》）

儒家的教化是“神道设教”！所谓神道设教，是指儒家的教化是通过宗教信仰的方式，通过礼乐的神圣仪式，而不是通过知性教育的方式来实现的。儒教有庞大的神灵体系，那就是以“天地君亲师”为代表的神灵体系；有祭天、祭孔、祭社稷为代表的系统的宗教仪式。神道设教是通过信仰体系的确立，以特殊的神人沟通方式，让人在对神灵的祭祀礼仪活动中去产生敬畏之心，去体验超越神圣的价值，从而得到教化。

儒商企业就是现代社会的“家族”，有共同的信仰和价值观，是作为入世间法的儒教信徒的基本社会组织形式。就像传统的“家族”，不光是基本的社会构成单元，同时也是基层儒教组织。儒教数千年来，就与家国天下结为一体，儒教从来没有自己独立的纯粹的教团组织，国家组织、社会组织都是儒教组织，儒教组织跟家国天下的组织是统一的。

在现代社会，儒教的组织也应该和社会组织同构，儒商企业在现代社会既是基本的公共社会组织，同时也是儒教的基层组织和民间组织。所以儒商企业要有自己的家族祠堂，有自己的礼法制度、伦理规范。它不仅是员工从事社会生产，获取基本物质需求的经济实体，同时也是员工各种基本权利得以保障的社会实体，也是员工身心性命安顿的精神家园和精神实体。儒商管理因而也具有了教化百姓、安立人心、稳定社会、传承文化的社会功能。

儒商管理模式的“复魅”

1. 什么是管理模式的“复魅”？

“复魅”是与“除魅”相对举的，“除魅”是德国著名社会学家马克斯·韦伯在描述人类社会的“现代化”时所使用的一个概念。“魅”就是神圣性、超越性。在韦伯看来，人类的现代化过程就是一个“除魅”的过程，是宗教逐步退出社会公共生活的过程，是人类社会生活的神圣性逐步消解的过程，是社会生活逐步理性化和世俗化的过程。

经过启蒙运动、宗教改革和工业革命，人类告别了传统的“蒙昧时代”而走向了“理性时代”。现代化的过程就是一个神圣性逐步消解的过程，是一个越来越理性化的过程，也是一个商业化、世俗化的过程。“除魅”是人类社会现代化的标志，也是现代社会区别于传统社会的重要标志。“除魅”以后的现代社会，国家没有伦理目的，社会规范和制度体系没有神圣超越的价值基础和形上根基，只有冷冰冰的权利的理性计较，人类社会失去了崇高的道德理想。

“复魅”就是要恢复人类社会政治生活的神圣性，为社会生活重建神圣超越的价值基础，让国家拥有伦理目的，社会拥有道德理想。要在确立和重建国民信仰体系和核心价值体系的基础上，发用出一整套带有神圣性的伦理规范和制度体系，并由此形成参通天人的王道管理模式。

儒商管理的“复魅”，就是要恢复管理的神圣性，要为企业文化及管理模式建立一个神圣超越的价值基础，确立一个形上根基，形成一套制度规范体系。这一神圣性和超越性，不仅是作为企业文化及管理的理念和价值存在，同时还要落实为一种规范和制度存在。

儒商企业的神圣性与中华民族五千年的传统，与民族信仰及民族核心价值体系保持高度的同一性。这个神圣的信仰体系就是儒教，这个神圣超越的价值源头就是“天道性理”。没有神圣超越性，企业文化就没有真正的价值源头，就没有厚重博大的精神和恢宏的气度，就会流于肤浅、平庸和世俗，就不具备崇高永恒的意义。

企业文化及管理只有经过“复魅”，拥有神圣超越的价值基础，一个企业才能为自己“铸魂”，才能树立崇高的核心价值观，确立伟大而不平凡的愿景和目标，并在此基础上建构一整套制度及规范体系。只有这样，企业才会避免成为单一而纯粹的利益体，避免成为一个唯利是图的经济实体，从而拥有社会化的伦理目的及价值目标，提升企业的品位。

企业文化及管理的“复魅”，实际上就是企业的“铸魂工程”。魂，就是魅，就是精神，就是灵魂，就是神圣超越的价值。企业作为现代商业社会的重要组织形式，它必须是一个有精神有灵魂的组织体，必须是一个有伦理目的和价值目标的组织机构。否则，它就会变成为一个赤裸裸的唯利是图的纯经济利益组织，并因此而失去它应有的社会担当。儒商管理模式是王道的管理模式，王道通三，有天、地、人的价值，其中，天的价值就是神圣超越的价值，是魂，是“魅”。要创建儒商王道管理模式，就必须“复魅”，以天道性理的神圣价值，作为儒商企业的形上根基和超越价值基础，作为企业文化的“魂”。

案例 12　上帝之诉

2007 年 9 月，美国内布拉斯加州参议员厄尼钱伯斯控告上帝以“群体灭绝罪”。说上帝在未经告知的情况下，制造水灾、飓风、龙卷风等自然灾害，给人类带来瘟疫、疾病，上帝还拒不悔改；认为上帝不公，人们接受洗礼，与上帝订立契约，但上帝许诺的幸福却没有兑现，认为上帝违约。道格拉斯地方法院正式受理此案，并于2008年10月进行判决，判上帝罪名成立。但因为被告没有法定地址，判决书无法送达，了结此案。

“上帝之诉”已成为西方法制史上的经典案例，在法律面前，至高无上的神也是与人“平等”的，这是西方“平等”精神的反常体现。由此我们不难看出，西方宗教信仰的“契约”特色与“权利”本质：人与神之间只是契约关系，是交换关系；神，并没有神圣性和超越性可言。作秀者的初衷是想以此表达法治的公正与平等，但却无意间流露出了虚伪性、功利性和世俗性。西方现代文明缺乏神圣性，没有超越价值，只有世俗价值。其管理模式及整个社会“治理结构”的合法性都是建立在单一的“民意”基础之上的，其价值目标最终都无一例外地指向“永恒的利益”。

2. 管理权力的三重合法性

什么是管理权力的“合法性”？管理权力的合法性要解决的是管理秩序长期稳定和谐的问题，解决“长治久安”的问题。当人们在服从某一管理权力时都会问：我为什么要服从这一管理权力？如果说没有明确的充分的理由来回答这一问题，那么，其管理权力就缺乏正当性与合法性。

西方现代企业管理模式中，其管理权力只有一重合法性，那就是管理者与被管理者之间订立的确定其“劳动关系”的契约，管理权力的合法性来源于契约所规定的“管理者权益”。被管理者以经济报酬的获得为代价，把自己的“自主权”让渡给管理者，服从其管理。管理者与被管理者之间以契约的形式确定其管理与被管理的所谓“劳动关系”。管理权力的合法性源于管理者与被管理者对契约的履行，当管理者与被管理者正常履行契约所规定的义务和责任，保障了双方权利的实现，那么，被管理者就按契约规定服从于管理，管理权力也因此而具有合法性。

因契约与经济利益而产生的服从，不是发至内心的真正服从，那仅仅是一种交换，是“主权与利益的交换”。由这种主权与利益的交换所形成的管理秩序，只是一种契约秩序，不具有永恒性和稳定性，非常脆弱。被管理者随时随地都可能因为更大的利益而违约，并收回主权，终止交换行为，不再服从管理，从而颠覆管理秩序。

当今中国企业管理存在的最大问题是管理权力的合法性问题。合法性危机使得管理的有效性大打折扣，得不到被管理者的忠诚和认同，不能形成良好的管理秩序和有效的管理模式。王道的管理思想就是要全面解决管理权力的合法性问题，建立起一个稳定的长治久安的管理秩序和管理模式。

王道的管理模式是王道政治理念和价值在企业管理中的具体落实和运用，是王道政治的“齐家”形式。在儒家文化的语境中，“管理”就是“为政”。政，泛指一切公共事务，儒家称之为“齐家、治国、平天下”的事业，在今天则是包括党务、行政、立法、司法、社群、企业等管理。企业管理就是“齐家”，也是“为政”，从宽泛意义上讲，也是社会公共管理的重要内容。故此，企业管理也是王道政治的理念和价值落实的具体形式。

“王道”是儒家管理思想的核心价值，儒家公羊学有“参通天地人为王”、“王道通三”的义理。按蒋庆先生的说法，政治权力必须同时具有“天地人”三重合法性才能合法。天的合法性是指超越神圣的合法性；地的合法性是指历史、文化的合法性；人的合法性是指人性民意的合法性。

由此可见，按照王道政治理念，统治的权威与合法性来自天道、历史文化与人心民意的认同。如果政治权力不同时具有三重合法性，其统治的权威就要打许多折扣，得不到国民的全部忠诚和完全认同，就容易出现统治的合法性危机，政治秩序就会处于动乱崩溃的边缘。王道政治就是要建立一个长期稳定和谐的长治久安的政治秩序。

在儒家看来，“管理”这一概念的内涵要广泛得多，不仅关系到效率和利益的实现，还涉及人的生命信仰、精神归宿与历史文化价值的传承。管理涉及宗教与历史文化的问题，不完全是一个理性问题及效率和利益问题。中国人理解的“管理”比西方人理解的管理要更周全，更圆融，更符合人性。西方理解的管理是极端理性化、工具化、世俗化、功利化的，是排斥神圣性和历史文化价值的。儒家王道管理模式则是将神圣性、历史文化与人性民意三重价值圆融地统一起来，是比西方现代管理模式更优越的管理模式。

管理既不能违背天道天理，也不能与民族文化传统相疏离。现代西方管理模式在中国缺乏有效性，就是因为西方管理模式没有实现中国化，没有与中国的历史文化传统相融合，遭遇了历史文化的认同危机。

一切有效的管理活动都是历史文化长期积淀和演进的结果。历史以来所形成的许多礼俗、习惯、规范、信条、惯例、成见等都是有效和良好的管理秩序所得以形成的重要因素，甚至是决定性因素。管理本身具有历史的连续性，所以管理不是一个抽象的，普遍的理性行为，任何管理行为都是特定的历史文化环境中对特定人群的管理。我们不可能管理抽象的人，只能管理具体的历史文化环境中的人，如：欧洲人、美国人、日本人、中国人，或基督教徒、佛教徒、伊斯兰教徒、儒教徒。

在管理秩序的形成过程中，习俗、成见比理性更加可靠，更为重要。成见和习俗可以让一个人形成一种心理定势和习惯。管理如果忽略了历史过程中形成的这种习俗和成见，就会遭致“文化排异”，导致历史文化的合法性危机。用美国的管理模式管理日本人，用管理日本人的办法来管中国人，或者用管理基督徒的方式来管理伊斯兰教徒，都是不行的，都会遭到历史文化的隔阂与排异。管理必须尊重历史文化的差异性，必须充分依靠习俗与成见，必须得到历史文化的认同，才能形成良好的管理秩序，取得预期的管理效果。

中国的管理学界多年来致力于西方管理模式的引进，而没有努力去创造和建构中国的管理模式。因为，中国的管理学界没有资源去从事中国模式的建构。100 多年来，中国人抛弃了自己的信仰，抛弃了自己的文化传统。抛弃了信仰就斩断了中国管理学神圣超越的价值源头，而全面反传统的文化激进主义，则导致了中国管理学及中国管理模式的形成过程中历史文化资源的匮乏和缺失。没有历史文化的资源就不能形成具有中国特色的管理模式。中国的管理就只能模仿和照搬西方模式，从而导致了中国管理模式的神圣合法性危机和历史文化的合法性危机。

(1) 管理权力的神圣合法性

在西方现代管理学看来，管理权力的合法性源于契约的约定，管理者依法依约行使管理权。管理行为是一个世俗、功利的行为，不具有神圣性。但是，在儒家看来，管理者的权力是天赋的，管理者是替天行道，代天行权。

> "河出图，洛出书，圣人则之。"(《易经·系辞传》)
>
> "唯天为大，唯尧则之。"(《论语·泰伯》)

天道天理是管理者效法的标准和楷模，是一切管理行为的准则和依据。这就是儒家"法天而王"、"则天而治"的思想。天道天理就是管理权力与管理行为的神圣合法性源头，是管理思想的形上根基和价值基础。在儒家看来，一切管理行为必须与天合德，必须符合天道天理才是合理合法的正当的行为。

> "天佑下民，作之君，作之师，惟其克相上帝，宠绥四方。"(《尚书·泰誓上》)

管理者承天命代上帝管理子民，管理天下百姓。管理者的使命就是把昊天上帝的恩德广被四方。这里的"君"就是指管理者，帝王是天下的管理者，国君是诸侯国的管理者，大夫是"家"的管理者。对于一个企业而言，企业家就是企业的管理者，全体员工就是"民"，是上天的子民，都受到上天的眷顾，都沐浴着昊天上帝的仁爱，他们的生命都是天生地养，他们的德性、资质都是天赋的，管理者是代上天管理他们。一个企业家作为管理者，他没有资格和权力虐待员工。上天为子民立"君"，目的就是要管理者把天恩天德带给天下子民。

一个管理者在行使管理权力的时候，必须明白，这个管理权不是管理者本身固有的，不是资本带来的，也不仅仅是契约规定的，而是上天赋予的。管理者只是代天行权。所以，管理者行使管理权时，必须“则天而治”，效法天道，其管理行为必须符合天道天理，否则就是违背上天的意志，就是逆天而行。作为上天的使者，代天行权的管理者，必须修身、修己、正己；要修己以安人，正己以正人；要注重个人的修为，要以身作则，表率世人；要克己奉公，以仁待下，爱民如子，兼济天下。作为一个管理者，在道德上、人格上、行为上都要严格要求自己。一个管理者必须明确自己肩上所承担的使命和责任，这是管理者的天命与天职。

（2）管理权力的历史文化合法性

由于中西文化对企业及管理的认识理解存在文化差异性，因而对管理目标、管理本质、管理特征、管理职能等的定位不同。因此，儒商的企业管理制度同西方管理制度也存在差异性。

管理就本质而言，最终落实为对人的管理。而人，总是具体的历史文化环境中的人。不同历史文化环境中的人，其思维模式、行为方式、情感方式都不尽相同。对人的有效管理，必须建立在对人的历史文化背景的尊重之上。只有充分尊重人的历史文化属性的前提下，有效的管理才成为可能。因此，一切管理制度的制订，也必须尊重人的历史文化属性，否则，这样的管理制度就不可能是良好的有效的管理制度。西方现代企业管理制度是西方现代文明不可分割的组成部分，是与西方历史文化背景相一致的，故其对西方现代企业员工的管理是有效的。但用这一制度来管理中国的企业和中国人，就会面临文化认同危机，出现文化历史属性上的排异性，其有效性将大打折扣。

中国现代企业及管理制度是近 30 年来从西方移植过来的，中国在管理学学科建设方面及企业制度建设方面都没有系统的民族性创造。说得直白点，中国还没有自己的管理理论体系和制度体系，更没有成熟的具有民族文化特色的管理模式。

有鉴于此，要管理好中国的企业，管理好中国人，就必须发掘中国传统的管理思想与管理智慧，建立具有中国特色的企业管理制度，创立中国式的企业管理模式。这里的“中国特色”，就是指中国文化特色和民族特色。

中国式企业管理制度的建立有赖于中国特色的企业范式的建立。中国企业范式的建立，要通过全面的“创制实践”来实现，要在重新定位企业的管理性质、管理目标、管理特征、管理职能等一系列重大学理原则的基础上，创造性地建立符合中国文化精神与中国国情的企业制度体系，建立具有中国特色的企业范式及其管理模式。

(3) 管理权力的民意合法性

“民为贵，社稷次之，君为轻。”(《孟子·尽心下》)

在管理过程中，西方管理模式以利益的实现和效率的达成为目标，而不是以“安人、安天下”为目标，被管理者成为工具而不是成为目的。所以不具有人心民意的合法性，得不到被管理者的绝对忠诚，因而，其管理秩序就不是稳定的、长治久安的秩序。管理必须符合人性，符合人道，才能得到被管理者的支持和拥戴，才具有人心民意的合法性。

儒商王道管理模式是“以民为本”的管理模式，强调被管理者在管理活动中的优先性和目的性，这是真正人性化的管理模式。儒商人性化管理具有如下特点：

①以人性的完善为目标，把被管理者当作目的而不是手段，

从物质需求的满足及精神生活的需要两个方面来完善人性，安立民心。

②建立符合天理人情的人际关系以及人与自然的关系。

③强调管理者自身修为及表率示范作用，正人正己，达己达人，修己安人。

④多重目标的实现与达成：个人的、家庭的、社会的、国家的、天下的，经济的、人性的、精神的等等。

⑤强调源自生命的道德自觉，注重生命内在规范的建立。

⑥强调企业的社会性，企业是社会公共组织的基本单元，企业管理是社会公共管理的组成部分，企业必须承担相应的社会责任、义务及历史使命。

⑦强调企业的群体延续性。

⑧赋予企业管理行为以神圣超越性，赋予管理权力神圣合法性。

⑨注重管理对象的历史文化背景及人格特征的差异性，根据管理对象不同的历史文化背景及其人格特点来制定相应的管理策略、方针和制度。

⑩注重管理手段的正当性与合理性。

管理者只有对以上各方面加以重视，并作为重要原则在管理活动中予以落实，才能得到被管理者的支持和拥戴，其管理权力的运用才具有人心民意的合法性。

儒商管理的特点表明了儒家对于人性多重价值的自觉，对管理的多重目标的认可。由此发用出儒商企业的管理规范和制度，以作为这一价值和目标得以实现的保障。儒家文化的基本诉求就是要完善生命人格、完善社会，这一诉求和理想可以通过企业文化建设和企业管理模式的建构来实现和达成。要在企业管理中来实现对人性的完善和对社会的完善。

西方管理学中的人性主义倾向与所谓人性化管理都是围绕着人的欲望和权利的满足来实现的。西方管理学把人视为权利主体，视为物质性存在，而不是把人作为道德主体，作为精神存在，对人作了功利主义的定位和工具性的定位。真正的人性完善是道德生命人格的完善，真正的人性的实现是人的物质性存在和精神性存在的同时实现。所以真正意义上的人性化管理，应该把人不仅作为权利主体，也要作为道德主体来对待；不仅要把人看作是物质性的存在，也要看作是精神性的存在。要以对人的基本权利的维护及道德生命人格的完善为目标，要以改变人的物质存在环境和精神存在环境为目的，要同时为人建构物质家园、世俗家园和精神家园。只有这样，才能算是真正的人性化管理。也只有这样，人作为被管理者才能真正成为管理的目的。人，才能作为有机生命体，在管理活动中避免被异化为工具。

儒学是修身、齐家、治国、平天下之学，是入世间法，其根本理念和价值集中在"安人、安天下"这个目标上。西方的企业管理正好相反，不是安人安天下，而是异化人，摧残人，是泯灭人性，是张扬人欲，让人异化为工具。不是安天下，而是把天下置于永无休止的竞争博弈状态，把人与社会组织及民族国家都纳入到永恒的对抗和战争之中。如：军事暴力、资本博弈、技术专制、市场垄断、恐怖主义、超限战争等等。

企业是现代社会最基本和最重要的公共组织，是现代社会最重要的构成单元，企业管理的成败对于整个社会秩序的建构，对于"安人、安天下"有着不可估量的作用和意义。企业是现代社会中人们真正的“家”，企业管理就是“齐家”。大学云：“欲治其国者先齐其家”，要建构一个美好的国家和良性的社会，首先要从我们的本职工作做起，要从建立良性美好的企业或组织开始。没有良性的社会公共组织，就不可能有良性的国家和社会，良性企业的建立是良性社会和美好国家建立的基础和保障，这就是儒家“家齐、国治、天下平”的治世智慧。

企业管理是整个社会国家管理的基础，有什么样的企业管理模式，就必然有什么样的国家管理模式和社会管理模式与之相匹配。企业管理与社会管理及国家管理乃至世界管理都是兼容的，具有同一性。西方的企业管理以追求利益为目标，其社会管理、国家管理及国际政治管理规则都是一致的，都是以利益为最终诉求。其手段都是主张竞争、博弈、对抗。这也是西方现代文明的文化精神所在。西方的企业管理和西方的社会管理、国家管理及国际政治管理一样，都是“丛林规则”的管理模式，是强调竞争、博弈的管理模式，是不和谐的管理模式，因而，也是不可持续发展的管理模式，是没有希望的管理模式。

要通过创造中国式的儒商王道管理模式，形成王道的社会管理、国家管理及国际政治的管理模式。王道的管理模式强调对人性的完善，把“安人、安天下”作为管理的目标，强调人与人、人与自然的和谐共处。王道管理模式具有人心民意的合法性，是和谐的管理模式，是可持续发展的管理模式，是符合人性的管理模式。因而，也是人类最美好和最有希望的管理模式。

3. 天命与天职

“舜有天下也，孰与之？”曰：“天与之。”（《孟子·万章》）

依儒家经典义理，家国天下的管理权力是上天赋予的，是天命之权，即所谓“治权天授”。管理权力的更迭，是以管理者的德行为准则：有德者居之，无德者失之；德高者居之，德不及者失之。作为一个管理者，他是否有德，就要看他能否做到达己达人，安人安天下；看他是否能替天行道，代天行权，法天而治。

天命就是昊天上帝的安排与命令。昊天上帝全善全德，全知全能，世间万物无所不在天命之中。

董子曰：“命者，天之令也。”（董仲舒《天人三策》）

天命是宇宙万物的最高法则，是人间世界的价值之源，是人类的最高行为准则与立身之本。一个管理者，更是应该虔诚地信仰天命，敬畏天命。要顺天意，遵天命，守天道，循天理。只有这样，才能得到上天的眷顾和垂爱，才能获得天佑与天赐。

管理权力是上天赋予的，但天命无常，天命是会变易的。天命的变易，由天不由人，在己不在他。天命惟德，昊天上帝总是眷顾有德之人。“福善祸淫”是天命变易的规则。天命眷顾与否，是降灾还是降福，取决于人的善恶，取决于管理者的德行。

“惟上帝不常，作善降之百祥，作不善降之百殃。”（《尚书·伊训》）

上天总是辅佑贤德之人及忠良之士，行善积德之人，忠义贤良之士都能得到上天辅佑。昊天上帝全知全能，为善为恶都无所逃于天地之间，善恶终将有报。一个管理者，只要遵天道，循天理，法天而治，就能得到上天的保佑，得以永保天命。

民众是上天的子民，管理者是代上帝管理生民，目的是要把昊天上帝的天恩天德普施于民。代上天管理好天下生民，是管理者的天职。

“钦从天道，永保天命。”（《尚书·仲虺之诰》）

民为邦本，被管理者对于管理者而言，具有优先性。管理者要做到以民为本，首先考虑的是被管理者的利益。民众是上天的生民，是“天子”，管理者如果不遵天命，不循天道，不保生民，就是不履行天职。管理者如果暴民虐民，就是悖逆天命，就是伤天害理，是亵渎天职，就必然遭到天罚，昊天上帝将绝其天命，削其天职，终其天禄。民心即天心，民意即天意，民命即天命。管理者禀承天命，管理生民，能够做到以仁为本，爱民、保民、惠民，才算是真正履行了管理者的天职。

4. 天爵与人爵

“王者之制爵禄，公侯伯子男，凡五等。”（《礼记·王制》）

“有天爵者，有人爵者，仁义忠信，乐善不倦，此天爵也；公卿大夫，此人爵也。”（《孟子·告子上》）

爵就是爵位，是管理者的“位”。爵，又有“天爵”与“人爵”之分。古代的“公侯伯子男”、卿大夫，今天的各级官员及企业董事长、总裁、CEO 等等，都是“人爵”，是人间世界的管理者。

如果说“人爵”是世俗社会中的位格，那么“天爵”就是人们在道德精神世界中的位格。在“人爵”体系中，“公侯伯子男”、董事长、CEO 等位格有高低、尊卑、贵贱之别。位高者尊，位低者卑。在“天爵”体系中，同样有高低贵贱尊卑之分，德高者贵，德不及者贱；有德者尊，无德者卑。所以，“天爵”中，有恶人、小人、常人、君子、贤人、圣人等位格。

“古之修其天爵，而人爵从之。”（《孟子·告子上》）

修天爵，人爵从之。如果一个人行善积德，完善自己的道德生命人格，有士君子之行，甚至希贤希圣以希天。那么，他就会修得天爵，由此人爵就顺其自然地得到。上天永远眷顾和辅佑有德之人，什么样的德行就有什么样的福报。

“皇天无亲，惟德是辅。”（《尚书·蔡仲之命》）

“大德必得其位，必得其禄，必得其名，必得其寿。”（《礼记·中庸》）

如果不注重道德生命的培育和道德人格的提升，不修身修己，不行善积德，只知唯利是图，甚至不择手段去夺取权力，追求利禄，就没有天爵。不修天爵，自然就不配拥有人爵，即便偶然得到，也必将会丧失。

子曰：“智及之，仁不能守之，虽得之，必失之。”（《论语·卫灵公》）

即便是靠机巧聪明，或者靠祖上的积德，而拥有财富、权力、地位等人爵，但如果不修天爵，人爵也会丧失，得到了也会失去。只有拥有天爵的人，只有有德之人，才配拥有人爵，才配拥有人间的管理权力，以及与之相匹配的禄位。一个无德之人，一个伤天害理之人，如何有资格管理他人？

如果一个企业、一个公共组织甚至一个国家的管理大权，由无德之人甚至伤天害理之人来执掌，其结果将是非常可怕的，那是社会的灾难，是百姓的灾难，是天下人的灾难。正因为如此，许多人致富了，又轻易地丧失了财富，许多人当官了又会立刻落马。就其根本原因，那就是德不配天，德不配福，德不堪位。无德之人，发财则为富不仁，当官则为官不义，如此德行，又怎能保其富贵？又如何管理百姓，安人安天下？朱子曰："修其天爵以为吾分之所当然者耳，人爵从之，盖不待求之而自至也"。天爵是人爵的源头和保障，修天爵以来人爵，守天爵以保人爵，才符合天道天理。管理权力的超越神圣价值源头是天命，富贵穷通，自有天数，都是天命使然，君子不能逆天而行，只能修身俟命。

5. 天禄与人禄

禄，俸禄，因相应的爵位和名分而享有的物质待遇。古代的俸禄，今天的薪水、工资、奖金、股东分红等都称为"禄"。禄有"天禄"与"人禄"之分。天禄，就是上天赐予的俸禄，上天对有德之人给予的赏赐，其中包括薪俸以及荣誉，还有子孙的福报等。人禄，是凭自己的智慧与辛勤劳动获得的报酬。有天爵者食天禄，有人爵者食人禄。

一个管理者所拥有的巨万家财，亿万资本，都是上天所赐，是自己或祖上积德，上天给予的福报。亿万家产都是天禄，不是人禄，凭一己之力是不能聚集的。德高者，有天爵，故食天禄；德不及者，无天爵，惟有人爵，故食人禄。祖上积大德者，福德报于子孙，子孙有天爵，食天禄；祖上积德不足者，食人禄。《易经》曰："积善之家，必有余庆"。上天只辅佑有德之人，积善者，上天报之以福禄，或报于本人，或报于子孙。故此，有国有家者，家大业大者，其俸禄为天禄，乃上天所赐。这是天命，非常人之力可及。

“慎乃有位，敬修其可愿，四海困穷，天禄永终。”（《尚书·大禹谟》）

一个管理者，无论你是官员也好，是企业的董事长CEO也好，你手中的管理权是上天赋予的，你的俸禄和财富是上天所赐，你必须战战兢兢，如临深渊，如履薄冰，切不可有丝毫的懈怠和亵渎，必须谨慎对待自己的管理权，必须慎重使用管理权。要时时刻刻警醒自己，你是代天行权，是替上帝管理子民，一言一行，一举一动，一个念头，一个决策，都要异常谨慎。要时常反省自己，看看自己的行为是否符合天理人情。唯有如此，管理者才能够不怠慢天意，永保天命，才能永守天爵，永享天禄。如果有伤天害理的行径，有摧残祸害上天子民的行为，是逃不过上帝的眼睛的。不要心存侥幸，不要瞒天过海，一切所作所为，都逃脱不了上帝的眼睛，一切善恶都有报应，昊天上帝至大至公，至神至明，全知全能。获罪于天，无所祷也，天威震怒，天罚所加，万劫不复，不可不慎。

“上帝临汝，无贰尔心。”（《诗经·大雅·大明》）

要想永沐天恩，永保天爵，永享天禄，就必须行善积德，克守天理，以仁爱之心，善待员工，善待属下，兼济天下，关爱百姓，法天而治，则天而行，去完成上天赋予的使命，代上天做好管理工作，尽到一个管理者应尽的天职。如此，方能永保天禄。否则，获罪于天，天命不再，天禄永终，无所祷矣！

儒商管理模式“复魅”的制度保障

儒商管理的“复魅”，就是要恢复管理的神圣性，要为企业文化及管理模式建立一个神圣超越的价值基础，并由此转出一套制度规范体系。这一神圣性和超越性，不仅是作为企业文化及管理的理念和价值存在，同时还要落实为一种规范和制度存在。不落实为制度存在，企业文化及管理模式的复魅是不可能的。

儒商管理的复魅就是要在确立儒教信仰体系和核心价值的基础上，发用出现代儒商企业的伦理规范及王道管理模式。儒商管理模式的复魅将由下列制度的建构来予以保障。

1. 企业家族制度

对中国人而言，“家”是一个非常特殊而重要的概念。中国人是重“家”的人，中国文化是重家的文化。儒家经典《大学》把“齐家”看作是“治国平天下”的前提和基础。在中国历史文化的环境中，“家”的真实含义并不仅仅是指“家庭”，“家”是中国古代社会中最基本的公共社会单元。

在不同的历史时期，“家”的具体内涵也不尽相同，在孔子以前的封建社会，“家”是指卿大夫的封地采邑。天子有“天下”，诸侯有“国”，卿大夫有“家”。“家”是分封制的最低分封等级。秦汉以后，封建制度解体，中央集权的君主王权制度下，“家”演变成为以血缘、地域为纽带的宗法组织体，即所谓的“家族”。“家族”成为基础的公共社会单元。而现代社会所谓的“家庭”是西方文明的产物，是基督教文明一夫一妻制婚姻制度的产物。“家庭”在传统社会中称为“户”而不是“家”。对中国社会而言，“家”不是私有制的产物，而是基本的公共社会单元。

现代社会，君主制解体，城市化进程加速，异姓杂居。宗族血缘及地域不能成为凝聚人们的纽带。在这种情况下，血缘宗法制家族作为公共社会单元广泛存在的可能性也不具备。现代社会最基本的公共社会单元只能是“企业”。只有企业才具有作为现代公共社会单元“家”的条件与可能性。“企业家族”不是“家族企业”，两者有着根本的区别。“企业家族”是以企业形态存在的“家族”，全体企业员工都是企业家族的成员，是人们以企业的形式凝聚成的一个公共社会组织。而“家族企业”则是指由具有血缘关系或裙带关系的家族成员拥有产权及控制经营权的企业。它是以家族拥有和控制为特点的经济实体。这样的家族企业再庞大也只是一个“私人”组织，是一个血缘家族的利益组织体。这个企业越大，说明该家族的成员对社会资源的占有越多，对社会及他人的控制力越大。这样的家族企业在全世界普遍存在，约占全世界企业的70%左右，世界500强企业中，有将近200家属于家族企业。在美国，家族企业创造的价值占全国GDP的50%。所有的“私企”就本质而言，都属于家族企业。

而“企业家族”，则是以企业形态存在的公共社会组织体，它有着家族企业不具备的社会功能，“兼济天下”是它不可或缺的社会担当。同时，“企业家族”又不同于集体所有制或全民所有制企业，它的产权归属于家族本身而不是全社会。“兼”济天下，其基本前提必须先“济”家族，“齐家”是首要的任务，在“齐家”的基础上才能“兼”济天下。

这种“企业家族”是实施家族制度的企业，是儒化的企业，是儒商企业。它具有儒教的信仰，坚持儒家的核心价值观，遵循儒家伦理道德规范，具有兼济天下的社会功能和“治国平天下”的社会担当。只有当“家”成为公共社会单元，而不是私有制的产物时，“齐家、治国、平天下”才具有可行性。这就要求企业摆脱狭隘的“私利性”特征，摆脱纯私人利益团体的状态，在保障业主及员工基本利益的前提下，投身于社会公益事业。散财聚德，让更多的人受益，让企业成为一个义利合一，兼善天下，利国利民的社会公共组织。

儒商企业通过“企业家族制度”的建立及家族事业的实施，以增强企业凝聚力、整合力和社会担当力；增强员工的归宿感，让员工真正成为企业大家庭中的一员，并以主人公的态度，全身心的投入到企业的工作和事业中去；增强员工对企业的忠诚度，让员工与企业风雨同舟，甘苦与共。

企业作为一个大家族，它是一个利益的共同体，同时也是一个情感、命运和精神价值的共同体。企业为每一个员工提供工作机会、事业平台，提供情感和心灵的归宿，提供荣誉和成就感。企业既是员工的物质家园，也是员工的精神家园。

企业作为一个家族，需要建立自己的家族祠堂，家族墓园，逢年过节都要有家族祭祀活动；还要有自己的家训、家法、家规、家谱；要有本家族的互助赈济基金，有条件的要置义房、义学，作为员工福利，帮助有困难的员工。这样，整个企业就是一个温暖的大家庭，而不是一个冷冰冰的经济利益组织。

2. 企业宗社制度

企业宗社制度就是关于企业家族祖先神、社稷神信仰的制度。宗，是指宗庙、宗祠；社，指社稷。在儒教神灵系统中，祖先神与社稷神都是配天大神，其位格仅次于昊天上帝。宗庙、宗祠就是供奉祖先神灵的地方。社为土神，稷为谷神。社稷指代“江山”、“事业”，企业家创业即是“打江山”，是在从事一项崇高的事业，是在为家国天下建功立业，而不是简单的积累财富。

社稷神是国家神，既是国神，也是家神，家神在今天就是企业神。传统儒教中国，天子祭太社，诸侯祭国社，卿大夫祭家社。在儒教社稷神的祭祀和信仰中，把家、国、天下都当作永恒的有机的精神生命，表示家、国、天下万世一系，具有精神价值的永恒性与历史文化传承的连续性。今天，企业作为现代商业社会最基本的公共构成单元和儒教的基层组织，就是现代社会的“家”。今天，我们讲家、国、天下，指的就是企业、国家和世界。

儒商企业的管理者与被管理者都是圣人的信徒，都有共同的信仰和价值观。昊天上帝、祖先神、社稷神、圣贤神灵都是儒商信仰的神灵。在传统社会，无论是天子中枢，还是诸侯国，卿大夫封地采邑，抑或后来的家族、书院等，这些社会公共组织都有自己专门的庙宇和祠堂，作为其宗教信仰活动的场所。因而，儒商企业作为现代社会的公共组织和儒教基层组织，也应该有自己从事信仰活动的场所。所以，有条件的儒商企业都应该建立自己的企业宗庙或祠堂。

宗社制度正是儒商企业文化价值重建和信仰重建的制度性保障。儒商“创业垂统，建功立业，青史留名”的价值目标，让商业行为及企业家的创业活动具有了永恒不朽的意义和兼济天下的崇高性。这一价值在儒商企业对于“社”的信仰中得以具体体现。而“百年老店，万世一系，永恒不灭，群体延续”的价值诉求，却在对于祖先神灵的信仰中得以落实。企业文化及企业管理的神圣性和超越性在企业宗庙或祠堂的庄严仪式中得以呈现，而对员工的教化也因此得以实现。

企业宗祠具有多种功能：第一，宗祠是供奉企业神灵，举行各种礼仪活动的场所，如祭祀、告拜、就职、入社、传位等重要礼仪活动都在这里举行。企业宗祠供奉“天地君亲师”神位，以子贡、关公为配享。子贡系儒商始祖，关公乃武圣，是忠义化身。宗祠还供奉企业创始人百年后的牌位，由历代对企业有大功德者配享。第二，企业宗祠是员工教化的重要场所，通过各种礼仪活动让员工接受系统持久的德性教育，让员工有敬畏之心，形成道德自觉，建立生命内在的神圣性规范，从而成为一个诚信、忠义之士。第三，企业宗祠设企业陈列馆，企业兴衰发展史，企业创始人的丰功伟绩，企业重要人物事迹等，均可在此陈列展示，以供来宾及后世子孙瞻仰。

企业宗祠是企业的道场，是企业文化精神的载体和象征，是企业员工的精神家园。对于企业员工打造共同的信仰和价值观，增强企业员工的凝聚力有着重要的作用。

总之，企业宗社制度的实施，是儒商企业的信仰和核心价值得以实现的保障，这不仅仅意味着企业在时间意义上的恒久存在，而且，还标志着企业文化精神的永恒不朽。不会随着时间流逝和易姓兴亡，而使企业生命和精神中断。从而赋予企业创业行为一个永恒的价值和意义，赋予了世俗商业行为和创业经营活动以崇高性和永恒性。由此，企业的创业和经营活动不再是单纯的牟利行为，而是一个社会创造和兼济天下的崇高行为。企业，也不再是一个纯粹的经济利益体，而是一个有社会担当的社会公共组织体和儒教基层组织。

3. 企业礼仪制度

儒家文化是礼乐文化，中华文明是礼乐文明。礼乐构成了儒家传统最为本质的特征，塑造了中华文明特有的精神气质与文化魅力，中国也因此而有了“礼仪之邦”的美誉。礼，源于儒教的祭神仪式，在古代中国，人民与神灵的沟通，是通过礼来实现的。

礼，既能给社会带来良好的秩序，又不像法律那样生硬、冷漠，不用刑罚就能使社会有序安宁。这是礼的特殊治世功效。礼，既是人伦大道，也是治国之道。

建立企业礼仪制度，根据企业内部各人的职位、身份、性别、年龄以及德才的差别来定位各自的角色，并制定相应的礼仪行为规范，在企业内形成一种符合天理人情的和谐人伦秩序。这种管理功效是西方管理制度以及契约办不到的。

根据儒家传统礼制精神，企业礼仪可以从以下几方面来制订。

（1）祭祀礼仪

祭祀礼是祭祀天地祖先圣人、神灵时所行的礼仪。祭礼是重大礼仪，程序复杂，对于祭品、服饰、祭具、程序都有详细的规定，神圣而庄严。祭祀礼要由专家来制礼，由专职司仪来赞礼。重大的节日或纪念日，须按礼制祭祀天地、祖先、圣贤，如：除夕、清明、端午、七夕、孔圣诞以及企业创始人生辰和祭日等日子。通过祭祀，与天地祖先圣人神灵沟通，祈求神灵护佑赐福。通过祭祀礼仪，确立员工的信仰，培养员工的敬畏之心，忠义之心，从而起到教化员工的作用。

（2）告拜礼仪

告拜礼是企业个人或群体向神灵进行祷告和参拜之礼，其基本程序是：盥洗——静默——祷告——揖拜——上香——跪拜，共六仪。告拜礼简单易行，通过告拜礼与神灵沟通感应，企业每临重大决策，如投资、合作、奠基、开业、就职、入社、奖惩等涉及企业经营管理的重大决策，在决策实施前都要在企业祠堂举行告拜礼仪。个人如遇到工作或生活上的疑难，有了大的进步，获得某种奖励，犯了某种错误须悔过反省，要作出涉及个人的重大决策等情况下，也须到企业祠堂行告拜礼，以祈求天地祖先圣人保佑赐福，辅成其事。

（3）庆典礼仪

企业的重大事务及活动均须举行庆典礼仪。如：周年庆典、奠基仪式、开业庆典，董事长、总经理的就职，高级管理人员就职，新员工入职等等。企业重大事务活动涉及企业的兴衰荣辱，不可等闲视之，须慎重对待。应按照儒家礼制举行神圣庄严的庆典仪式。通过这种仪式来沟通神灵，请求赐福。同时，激励员工营造庄严神圣的企业文化，提升企业品位和美誉度。

（4）相见礼仪

相见礼仪源于儒家传统礼制中的“士相见礼”，指不同位格的人们在相见时各自的行为规范。通过相见礼这一行为规范就可以辨别出各自在企业中的身份、地位、职务，通过行为的规范达至一种彬彬有礼的秩序。君臣、长幼、男女、宾主等伦理关系，都须以相见礼仪来定位彼此相见和相处时的行为规范。

企业董事长、总经理对于全体员工而言，就是“君”，全体员工就是臣。对分公司及职能部门而言，上司就是君，下属就是臣。君守君道，臣守臣道；君循君礼，臣遵臣礼。君为尊，臣为卑，尊卑有序，上下和谐。年长者为尊，年幼者为卑，尊长爱幼，长者优先；女士为尊，男士为卑，女士优先，关心女性，呵护女性；宾为尊，主为卑，尊重宾客，宾客优先。在工作和生活中，座次的安排，行路的先后，车辆的选择，服饰的制作等，都要按照儒家礼制纳入到《企业礼仪》和《员工手册》中来加以定位。

4. 企业教化制度

儒教文明是礼乐文明，礼乐是儒家实施教化的途径和方式，儒商企业隆礼乐，崇教化。教化就是通过对民众进行道德培育，用儒家先圣先王之道来陶冶人的性格，规范人的行为，化育人的身心，使之良知呈现，人格完善。通过对人格的完善，对道德的培育来化民成俗，完善社会。

> “善政，不如善教之得民也。善政民畏之，善教民爱之；善政得民财，善教得民心。”（《孟子·尽心上》）

经世治国有两种手段，其一是靠国家机器，用法律、规章制度的强制力量，让民众产生畏惧之心，禁止为恶，这是以“惩恶”的方式来维持社会秩序。其二是教化的手段，通过对人的生命人格的提升和完善，使人产生道德自觉，为善去恶，从而让社会得以稳定有序，天下得以长治久安。

> “乐至则无怨，礼至则不争。揖让而治天下者，礼乐之谓也。”（《礼记·乐记》）

礼乐教化制度是中国数千年传统治世智慧的结晶，凝聚着中国历代圣贤治国平天下的管理智慧。儒商企业管理作为社会管理的重要组成部分，其制度建构离不开礼乐教化这一重要形式和资源。

教化对于员工生命人格的完善和道德自觉起着至关重要的作

用。没有道德人格的培育，完备的管理制度很难真正产生作用。企业教化制度是儒家“德主刑辅”、“明刑弼教”管理思想的具体落实。

改革30年来，中国学习的是西方现代企业管理制度，学到了西方的制度本身，而未学到其制度背后的文化精神。西方现代企业管理制度不能在中国文化的土壤上生根，许多制度形同虚设，管得了员工的人，管不了员工的心，难以从根本上达至对人的有效管理。

企业教化制度的创立和实施对于儒商王道管理模式的建构至关重要。教化制度标志着企业员工培训，从纯粹“技术化、工具化、专业化”向“德性化、人格化、道德化”的转型。即在注重员工技能培训与职业培训的同时，要注重对员工心性及道德人格的培育。让员工成为守“仁义礼智忠孝诚信”之德的正人君子，凭良知做人做事，为善去恶，忠心耿耿，德才兼备。

教化，目的是变化“气质之性”，而复其“天地之性”，使人良知呈现，人格提升，道德完善。为此，要让员工系统学习儒家文化，学习圣学圣道，学习做人做事的道理；要以“仁义礼智忠孝诚信”等儒家道德条目规范员工行为；要建立完备的企业礼乐制度来逐步陶冶化育员工的心灵，以圣学圣道来树立正确的价值观、人生观；组织员工读经，定期安排相关知识讲座；制订《企业礼仪手册》，建立健全企业礼仪制度；以儒家文化为核心，统一企业理念识别与视觉识别系统，加强企业文化建设；建立员工人格测评体系，建立员工道德奖惩制度等等。从内到外，对员工进行系统的持之以恒的道德教化，并把道德教化落实成企业管理的制度安排。

案例 13 垃圾与鲜花

小区的一个角落，被人们当作了乱丢垃圾、乱倒垃圾的一个地方。物业管理者用尽各种方法进行禁止，都没有用。后来有人建议，在这个角落摆上几盆美丽的鲜花，从此以后人们就不再往这里乱丢垃圾，乱倒垃圾。

法律的规范和制度的规定，往往不一定收到良好的效果，人们可以用各种方法钻法律和制度的空子。法律制度管得了人，管不了心。要产生真正良好的管理效果，就必须要通过教化的形式，提升人的生命人格，张扬人性之善，要致其良知，彰显人的光明德性，让被管理者产生道德自觉。

人性中都有“向上一机”，有光辉的一面。良性的管理必须是善于激发人的“向上一机”，彰显人的光明德性，不光是要“止恶”，更要“扬善”。禁止倒垃圾，丢垃圾，这是制度规定，这是“止恶”。摆上美丽的鲜花，激发人们对美好事物的爱心，彰显人们高贵的审美情趣，这是“扬善”，使人们产生道德自觉，从而产生良好的管理效果。

5. 企业导师制度

儒商企业是儒化的企业，对企业的儒化则靠企业宗社制度，企业礼乐制度，企业教化制度等儒商企业特有的制度形式来保障和落实。而这一系列制度的实施则需要一个关键性的人才——企业导师。儒商企业是儒教的基层组织，因而儒商企业必须要有一个职业性的“儒者”来从事企业精神文化建设与员工精神家园的管理工作。这个儒者就是企业员工的精神文化导师。

企业导师是儒商企业文化建设及员工教化的具体负责人和执行人。他的职能包括主持祭礼、告拜、就职礼、庆典礼等企业重大礼仪活动；制订并组织实施《企业礼仪手册》、《员工手册》等企业行为规范文本；安排员工德性教育和道德人格教化课程及修学活动；监管执行企业家训、家规、家法；企业员工心灵抚慰及文化精神领域的答疑解惑。企业导师是企业最高“文化长官”，掌握企业精神文化权力、人格教化权力、家规家法的执行权力，其位格与企业总经理同格。

企业导师属专门性人才，须具备相应的条件和资质。首先，企业导师必须笃信圣学圣道，具备相当的道德人格和道德操守，足以为人师表。其次，企业导师必须具有一定的儒学学养，对圣人之道要有相当的体悟，对儒家经典熟悉了解，对儒家礼仪制度、规范、程序较为熟知。再次，要具有一定的儒学课程讲授能力和口头表达能力。最后，要有相当的组织管理能力。

企业导师属专门人才，须经儒教道场如孔圣堂或儒家书院专门培养，然后为企业输送。有条件的大中型企业须设专职的企业导师，小企业可以由孔圣堂或儒家书院派遣兼职企业导师。

企业导师经孔圣堂或儒家书院培养后，须通过专门的考核并取得资格后，方可持证上岗。企业导师是神圣的职业，他们的工作关涉精神信仰、文化价值、礼乐教化，是儒者的事业，是弘扬圣道的事业。孔圣堂及儒家书院应创造条件，为企业和全社会培养一大批德才兼备、以天下为己任的企业导师。

6. 企业家训制度

“家训”是旧时人家庭及家族对子孙在治学、立身、处事等方面的教诲、训戒和礼法规范。企业作为现代社会的“家族”，理应有属于自己的家训、家规、家法。儒商企业的家训、家法、家规，其制订、执行、修改都必须形成严格的制度，并世代相传，成为企业的“祖制”，后世子孙不能轻易改变。其中包括：企业家族对全体成员及后世子孙做人、做事、立身、处世等方面的教诲和训戒；企业家族成员应坚守的礼法、规范；企业经营管理活动中应遵循的重大原则；企业机构设置、产权变更、股权增减、经营管理权力更迭等涉及企业命运和生存发展大局的相关制度的制订原则；对企业家族成员的重大奖励和惩戒等，都可以以企业家训、家规、家法的形式进行详细的规定和确立。

在儒商企业管理模式中，企业家训、家规、家法在企业家族中具有“宪法”地位。它是企业的根本大法，是企业礼法制度及规范赖以制订和存在的大原则，而企业礼法制度及规范则是企业家训、家法的具体发用。

> “礼节民心，乐和民声，政以行之，刑以防之。礼乐刑政，四达而不悖，则王道备焉。”（《礼记·乐记》）

儒家的教化是与礼法制度相结合的，这种结合形成了儒教“礼乐刑政”这一独特的经国理念与治世方略。如果说，企业礼仪制度、宗社制度、教化制度体现了“教化为本”的管理理念，那么企业“家训制度”则体现了儒商企业管理中“明刑弼教”的管理思想。

礼乐与刑政，相互补充，相互支持，展示出儒商企业王道管理模式所特有的魅力。儒商企业管理制度，既能“扬善”，又能“止恶”；既有向上一机，又有伦理底线的设置；既能驱人向善，止邪于未形，又能让人生畏惧之心而远离犯罪。家训制度是对教化制度的必不可少的补充。

家训制度在日本的管理和企业文化建设中起到了重大的作用。日本现代化的成功，与日本借鉴中国儒家传统，建立企业家族文化和家族式管理制度密切相关。日本近现代大企业都有自己的家训、家规、家法。如：涩泽家宪、安田家宪、三井家规、住友家训等等。中国明清时期的晋商、徽商等著名商邦各商铺商号都有自己的家训、家规、家法。由此可见，“家训制度”是儒商企业管理的重要制度，是王道管理模式的重要标志之一。

7. 企业修史制度

> 圣人曰：“必也正名乎，名不正则言不顺，言不顺则事不成，事不成则礼乐不兴，礼乐不兴则刑罚不中。”（《论语·子路》）

儒教非常重名，强调名实相符，名位一致，故儒教也称名教。白沙子曰：“名者，名节，道之藩篱”。青史留名，在儒教看来具有超越神圣的价值和永恒意义，生命的不朽和永恒价值，要在历史中来体现。“人生自古谁无死，留取丹心照汗青”，这就是儒者“名垂青史，流芳千古”的特殊价值观和信仰形式的写照。

儒商企业家靠自己的辛勤劳动和智慧去创业，打下了一片江山，在创业的过程中，人的生命价值得以实现，生命的意义得以实现。但如果企业作为一个群体，作为一个社会组织体，不能够延续下去，传承下去，那么企业家在创业过程中所创造的生命价值和意义就会中断，企业家的创业生命就不会获得永恒的意义和价值，企业也不能成为一个有机的生命体而获得恒久的传承。所以，一个成功的企业必须要建立健全一套修史制度，要有专门的史官和工作人员来从事这一项工作，这是企业文化建设过程中最重要的内容之一。

通过修史，把企业从无到有，从小到大的艰难发展历程详细记录下来；把企业家、企业创始人用自己的辛劳、汗水和智慧艰难创业的过程记录下来；用文字、图片和影像资料等方式把企业发展的轨迹再现出来。让后世子孙，让以后世世代代的员工了解企业创业发展的过程；让他们勉怀、追忆和学习企业创业者的创业精神和优秀品质，并从中得到激励，形成强大的凝聚力量。要让企业的管理人员及员工形成这样的荣誉感和价值关怀，并把这种荣誉感和价值关怀转化成对企业的忠诚，转化成工作中的强劲动力。有条件的企业还可以专门修建企业创业陈列馆或者博物馆；编制企业的大事记；编写企业风云人物传记；拍摄企业发展历史的专题电视片。总之，要建构和形成一整套关于企业历史的“修史制度”，培育员工“青史留名”、“留芳千古”的荣誉感和价值观。这是儒商管理模式的又一重要制度。

儒商管理模式的“九经”

“凡为天下国家有九经，曰：修身也，尊贤也，亲亲也，敬大臣也，体群臣也，子庶民也，来百工也，柔远人也，怀诸侯也。”（《礼记·中庸》）

经，就是常道、常理，是永恒不变的恒常之道，恒常之理。

不易为经，变易为权。儒商管理的“九经”，就是一个儒商企业家、儒商企业的管理者在行使管理权力的时候所必须遵循的九大法则。

修身，是指管理者自身的道德修持。作为管理者，在儒家看来，必须要具备较高的道德人格，道德人格不完善的人没有资格做管理者。所以，管理者必须加强修身，《大学》云：“古之欲明明德于天下者，先治其国；欲治其国者，先修其身”。修身是“齐家、治国、平天下”的前提。儒家强调正己正人，达己达人，修己安人，这些都是对一个管理者道德人格的高要求。因此，儒商企业家及儒商企业的管理者须以修身为本。

尊贤，就是指管理者要尊敬贤者，敬重有德之人。尊贤，不仅仅是举贤用贤，提拔才德兼备之人，更重要是要尊重贤者的人格，做到以礼相待，礼贤下士。同时，要尊重和采纳他们的建议。凡有重大决策，要多听听他们的意见。尊，则得其心；听，则不惑。所以尊贤，有敬贤、礼贤、用贤、纳贤等内涵。

亲亲，就是关爱自己的亲人。亲亲，则诸父昆弟不怨。管理者要在条件许可的情况下，尽可能地照应提携自己的亲人，关爱自己的亲人。孟子说：“亲亲而仁民，仁民而爱物。”儒商企业家都是有仁爱之心的，但儒家讲的仁爱是有等差和分别的。爱亲人，才会爱天下人；爱人，才会爱物。《孝经》曰：“不爱其亲而爱他人者，谓之悖德；不敬其亲而敬他人者，谓之悖礼。”在儒家看来，爱有等差，随份而施。儒商企业家的大情大爱是一个推己及人，由人及物的过程。

敬大臣，就是要尊敬大臣。大臣即位高权重的下属，掌握着重要的权力，居于重要岗位的管理者。如：企业的 CEO、部门主管、分公司经理、区域代表等重要的高层管理人员。自古明君皆有“不召之臣”，所谓“不召之臣”，就是有事不召唤，而是亲自前往拜访请教，以示敬重。

> “君之视臣如手足，则臣视君如腹心；君之视臣如犬马，则臣之视君如国人；君之视臣如土芥，则臣视君如寇仇。”（《孟子·离娄下》）

一个明君，一个优秀的管理者要懂得礼贤下士，敬重大臣。要想得到大臣的忠心，就必须以礼相待，尊重他们，敬重他们。

体群臣，这里的“群臣”，对于企业而言，就是指中下层管理人员基层干部、小组负责人等。所谓“体”，就是体察，体谅，设身处地为他们着想。由于中下层管理者奋斗在最基层及第一线，他们付出的劳动很巨大，付出的心思和汗水最多。他们拼搏在第一线，直接跟客户、消费者打交道，他们最需要理解、关心、关爱，最需要管理者的仁慈和温暖。一个管理者要把第一线的基层管理者时刻放在心上。这样，才能让基层管理者尽心尽力，默默付出，任劳任怨。基层管理是整个管理工作的基础，一个最高管理者必须体察基层员工和下层管理者的工作状况，了解他们所思、所想，切实关心他们，才能得到他们的支持和忠心。对基层情况的了解和把握，是一个管理者在进行决策时的第一手材料和依据。

子庶民，就是要求管理者要爱民如子。庶民，即老百姓，在企业就是指普通员工。一个管理者，一个企业家，要把员工当作自己的子女一样来对待。儒商企业的管理模式是王道管理模式，王道以德行仁，任德不任力。所以，儒商管理是“仁政”，是

"德治"，是"以不忍人之心行不忍人之政"。在儒家看来，管理者就是父母官，管理者要有"为民父母"之心。不要与民争利，要做到"节用而爱人，使民以时"。要从内心关心和爱护员工，要以仁慈之心相待，要为他们的切身利益着想，要让他们都能够拥有良好的工作环境和幸福生活。

来百工，"百工"，即各种专业技术人才的统称。来百工，就是指一个企业家，一个管理者，要能够以能任事，人尽其才，才尽其用。要让各种专业人才、技术人才能够充分发挥他们的才智，施展他们的才能。要能够给他们提供一个良好的平台，为他们创造各种各样的工作条件。一个合格的管理者就是要为各种各样的人才做好后勤服务工作。这样，就能够汇聚天下英才，成就伟大而崇高的事业。

柔远人，柔，就是怀柔，用宽厚的政策及仁慈之心来对待周边与自己相关联的人。对企业而言，所谓"远人"，就是客户、竞争者、消费者、同行以及社交圈中的各色人等。一个管理者要处处为客户着想，为消费者着想，为他人着想，甚至对竞争者，也要以仁慈宽厚的心肠对待他们，感化他们。这样才能够让他们真心归附，让他们成为忠实的客户，忠心的消费者，成为合作者，成为助力，而不是阻力。不能刻薄寡恩，斤斤计较，要在保证自己基本利益的前提下尽量让利于人，施惠于人。

怀诸侯，对于儒商企业家而言，对于企业的管理者而言，"诸侯"，就是大客户，是合作伙伴，"怀"有怀念、包容、珍惜、善待的意思。怀诸侯，就是指对于像大客户、投资商、经销商、代理商、供应商这样的重要人物或机构，要经常往来，时时沟通；要善待他们，珍惜他们；要多听听他们的意见和想法；要多考虑他们的利益，要做到厚往而薄来，多给予少索取；不要经常麻烦他们，一用就用在刀刃上。像大客户、投资商、经销商、代理商、供应商，他们与自己的命运息息相关，他们是我们事业的重要助力，是我们的重要社会资源，我们应该珍惜、爱护、善待和包容。切不可等闲视之。

儒商的企业文化建设

1. 关于企业文化

(1) 何谓企业文化

什么是企业文化？这个问题常常会引发一系列的误会、误解、误读。有的人认为企业文化就是企业的“文化活动”，用企业的文化活动来取代企业文化。由于这一误会，许多企业在从事企业文化建设的过程中，花费大量的时间、精力、人力、物力去组织、策划一系列的与企业管理和经营毫不相干的所谓文化活动。认为企业的文化活动做得多，做得好，做得大，其企业文化建设就做得好，这是一种误会。还有一种误会，认为企业文化就是企业老板的文化爱好和兴趣。有的企业老板喜欢佛教，喜欢念佛，于是企业文化就有着浓厚的佛味；有的企业老板喜欢《弟子规》，整个企业文化建设就围绕一部儿童启蒙读物《弟子规》；有的企业老板喜欢茶道，企业文化就有着浓郁的茶味。总之，把企业文化与老板个人的文化兴趣和爱好等同起来。

中国的现代企业学的是西方，中国的企业文化也因此而学习和模仿西方。企业文化在西方现代管理学的视野中，由三个部分构成：第一个部分是企业的使命、愿景及核心价值（MI）；第二个部分由相关的制度及规范构成（BI）；第三个部分是视觉识别系统，其中包括企业的标志、旗帜、符号、内外装饰等等（VI）。

由于中国的现代企业制度及企业管理是学习和照搬西方，因而其“企业文化”也是模仿西方。西方的企业文化，其核心部分与西方现代文明的文化软实力资源相关联，这一部分是中国企业“照搬”不了的。照搬起来显得很荒唐很尴尬。企业文化的建设者们常常宣称要向企业传播“先进的管理思想”，但他们自己根本就没思想，也不会管理；他们动辄教别人“打造百年老店”，自己不到两年就垮掉，客户的寿命比他们自己长得多；他们经常使用的招数就是夸大公司形象、虚拟公司业绩、虚构公司团队；经常使用诸如“金牌”、“第一”、“顶级”这样一些冠冕堂皇的词汇来装饰自己。

西方的企业文化照搬到中国后，就变成了一堆“制度规范”和“视觉识别”，而恰恰没有“文化”——没有核心价值，没有精神信仰，没有伦理资源，没有道德规范，没有人格理想。

（2）中国企业文化的现状

中国今天的企业文化状况用一句话来表述就是：表层有创造，中间学西方，核心假大空。

所谓“表层有创造”，是说企业文化的视觉识别系统（VI），中国人有自己的创造。这一个创造工作是由美术工作者和广告设计师们来完成的。在企业文化建设中，企业标志的设计、色彩的定位、内外装饰等这一系列所谓的视觉识别体系，都是由广告设计师和美术工作者在做。这是企业文化建设过程中，中国人唯一有所“创造”的地方。

“中间学西方”，是指企业文化的中间层，即制度规范（BI），是模仿及照搬西方。这一部分工作是由管理咨询公司及培训公司的“讲师”和“教练”们来完成的。

“核心假大空”，是指企业文化的核心部分，如：经营理念、精神价值、企业伦理等全都是假大空，如果没有付诸实施就是千篇一律的口号和空话：求实、创新、开拓、进取、拼搏、奉献、共赢。

中国企业文化有如此现状，是因为中国近代以来全面反传统及全盘西化的文化激进主义使中国变成了一个没有信仰，没有精神家园，没有伦理道德规范的文化荒漠和价值废墟；使中国的文化生态和文化生命遭到了前无古人，恐怕也是后无来者的破坏。在一片文化的荒漠和价值的废墟上，我们是无法建构“企业文化大厦”的，企业文化的建设成了无源之水，无本之木。

因此要建设中国的企业文化，就必须要复兴中国的传统文化，尤其是以孔子为代表的儒家传统文化。要把儒家传统，把孔子的思想及根本精神，把儒家的经典义理在现代商业社会进行创造性的转化，从而形成中国现代文化软实力资源。只有凭借这样的文化软实力资源，中国的企业文化建设才会有真正的价值基础，才会有真正的核心理念，才会因软力量的支持而显得厚重，博大，恢宏而有气度。

企业文化建设是企业管理模式建构过程中至关重要的一步，是一切管理制度规范得以产生和运行的源头活水。企业文化是企业管理的价值基础和大环境，没有这个基础和环境，企业管理就会被挂空，就没法落地。所以，复兴儒家传统，在中国传统文化软实力的基础上，去建构中国现代企业文化，这是中国式的企业管理模式建构的前提条件。要创建中国式的管理模式，必须首先建立健全中国的企业文化模式。中国的企业文化模式必须具备强烈的中国文化的特色，确切地讲，就是儒家文化的特色。要建构出中国的企业文化模式，就必须在复兴儒家传统的基础上，实现中国企业文化的“复魅”。

2. 企业的铸魂工程

在中华文明的语境中，“魂”是一个非常特殊的，使用频率很高的概念。“魂”是儒教及中国文化对于宇宙和生命的一种特殊解释方式。“魂”是一种精神实体，也称魂灵，或灵魂。按儒教经典义理，宇宙万物都是由二气交感，阴阳和合，最终得以具像成形。而人，立于天地之间，为“三才”之一，为万物之灵，得天恩天赋独厚。天地生人，赋予人以精神和灵魂，以使人别于禽兽。所以，人有两体，即灵魂和肉体。灵肉合一、魂附于体则生；灵肉相分，神形相散则死。

“魂”就是人之所以为人的、别于禽兽与万物的“精神存在”。同样，由人所构成的社会性组织和机构，也应该是一个有生命的、有精神和灵魂的有机体。如果一个由人构成的社会组织或机构，没有灵魂、没有精神，那么，这个组织以及这个组织中的每一个人，就是没有精神，没有意义，没有价值的存在。人，要有魂，无魂则不生；一个组织、一个企业也得要有魂。没有魂，企业就是一个纯粹世俗的、低级的、行尸走肉的结合体，就不会有强大的凝聚力、战斗力、执行力，就不会有崇高的伦理目的。

企业文化建设的重中之重就是要铸造企业之“魂”，要为企业确立一个神圣超越的价值基础，树立一个崇高的伦理目标。一个有“魂”的企业，有精神的企业，才是一个健康的企业，是一个崇高的企业和有意义的企业；一个有灵魂、有精神的企业才是一个真正有凝聚力和执行力的企业。精神的力量是任何力量都不可比拟的。

企业之“魂”由以下要素构成：企业的信仰体系、核心价值、企业使命、伦理道德、理想人格。企业的“铸魂工程”就是要确立企业共同的信仰体系；形成企业的核心价值观；确定企业的伦理道德规范；教化培育理想的企业人格；拟定企业的核心使命；制订企业的愿景及发展规划。

儒商企业的“铸魂工程”就是要以儒教为企业共同的信仰体系；在儒家王道价值理念基础上确立企业的核心价值观；以儒家德目作为企业的伦理道德规范；用圣人之道教化培育理想的企业人格。并在此基础上拟定企业的核心使命；制订企业的愿景及发展规划。

3. 企业的行为工程

儒学是实践之学，是生命实践之学，是社会实践之学，是管理实践之学。“修身、齐家、治国、平天下”都是实践，是“致良知”的实践，是“内圣外王”的实践。信仰儒教，学习圣人之道，目的只有一个，那就是“去做，去行动”。一个是做人，一个是做事，做人也好做事也好，都是要行动，都要实践。所以儒家特别强调“知行合一”。阳明先生说：“知是行之始，行是知之成，知而不行只是未知”。如果说你知道，但却不去做，那就不是真正的知道。知道父慈子孝的道，但是不去做，他就不可能成为一个孝子慈父，明白了君臣大义，但是不去做，那么为君者就不可能成为一个明君，为臣者也不可能成为一个忠臣。所以儒教、儒学、圣人之道，最终都将落实在一个字上，那就是“行”。

对于儒商企业的管理以及儒商企业的企业文化建设而言，必须要在“行”字上下工夫，要在对人的行为规范上下工夫。只有形成良好的集体性行为规范，才能够建立良性的秩序，有了良性的秩序，管理的有效性才能够得以达成和保障，管理工作才能够实现真正有效产出。对于儒教而言，行为规范由两个部分构成：第一，是礼。第二，是法。儒教的教义，圣人之学，天道天理，落实到世间，成为世间法，具体就表现为一种礼法制度。“礼”和“法”是儒教建立良性秩序所凭借的两种行为规范形式。

法就是强制性的制度，礼是教化的手段和规范。礼通过“扬善”的方式建构秩序，让人产生道德自觉，止邪于未形，远离犯罪。法是用“止恶”的方式对人进行威慑，让人产生畏惧之心而不敢犯罪。德主而刑辅，礼主法辅，明刑弼教，是儒家的治世理念，是儒商企业王道管理模式的主要管理手段。因此企业的行为规范也将由两个部分构成：一个是驱人向善的“企业礼仪”；另一个是阻止为恶的“企业制度”。在企业文化的建设过程中，将根据儒商企业的行为规范要求，以儒家经典义理和文化道德精神为基础，结合企业具体情况和特点，由儒家学者和儒商企业管理咨询专家，为儒商企业量身定做。儒商企业的行为规范体系大致由如下制度构成：

①企业《家训》、《家规》

②《员工道德行为规范》

③《董事长、CEO 德行规范》

④《企业礼仪制度》

⑤《员工圣洁生活制度》

⑥《企业儒戒制度》

4. 企业的形象工程

一个儒商企业必须要具有一个儒商企业的特殊形象、精神、气质和面貌。要让人一进入企业就能够感受到浓郁的儒家文化传统底蕴和特质。所看到的，所听到的，所触摸到的，所感受到的一切，都有着儒家的传统文化特色。儒商企业必须在员工、客户及全社会树立自己良好的公共企业形象。一个企业拥有良好的文化气质和公众形象，对于企业的知名度和美誉度的提升有着不可低估的作用。儒商企业的“形象工程”建设从以下几方面展开。

（1）企业形象工程的设计原则

民族特色： 儒商企业与普通企业最大的区别就在于它是具有中国特色的企业，是具有民族性的企业。在形象上，要让人一看就非常明了，它与普通的现代企业不同。其外在形象和精神气质都有着自身的特点，要凸显出强烈的民族特色。所以在企业形象的设计上，必须把“民族性”作为一个设计元素，贯彻到企业形象的设计过程当中。

文化底蕴： 儒商企业跟现代普通企业相比，最大的特点之一，是它拥有为别的企业所不具备的深厚的文化底蕴。这种底蕴要在企业形象的设计中突显出来，要让人一见就体会到非常明显的文化厚重感以及典雅和深刻的内涵，绝不能流于平庸、浅薄。

企业特色： 由于生产经营的领域不同，经营的特征不同，外在的资源、环境、条件不同，这些都会形成企业所独有的特色。在企业形象设计过程中，要把企业的特色充分的突显出来，给人以深刻的印象。

企业“形象工程”的设计应用，范围很广：企业生产及办公场地的内外装饰；生产办公区域户外空间的园区建设和景观制作；企业员工的服装设计制作；工牌、徽记、办公文具用品等设计制作都属于应用范围。

（2）企业祠堂

企业祠堂是企业的“道场”，是企业文化精神的载体和象征，是企业员工的精神文化家园。企业祠堂是供奉企业神灵，举行企业礼仪活动的场所，如祭祀、告拜、就职、入职、继位等重要礼仪活动都在这里举行。企业祠堂又是员工教化的重要场所，通过礼乐活动让员工产生敬畏之心，建立生命内在的神圣性规范，形成道德自觉，从而完善道德人格，成为一个忠义之士。企业祠堂既是企业“铸魂工程”的主要内容，也是企业“形象工程”的重要组成部分。企业祠堂的建立，对于企业文化的建设，对于企业形象的塑造，对于企业核心价值观的形成和企业凝聚力的增强有着重要的作用。

（3）企业陈列馆

儒商企业与普通企业最大的区别在于它浓烈的文化底蕴和文化特色，儒商企业应该有一个专门的空间和场所来集中展示企业文化，如此才能让人有机会系统认知、了解和感受儒商企业丰富的企业文化资源和厚重的文化底蕴。这个专门的展示场所和空间，除了企业祠堂外，就是企业文化的陈列馆。在这里，人们将看到企业的兴衰发展史；将会领略到企业创始人的丰功伟绩和人格魅力；能够浏览到企业在每一个发展阶段所经历的重大事件；能够看到历代为企业发展作出过重大贡献的管理人员或员工的典型事迹；能够从这里了解企业所信奉的核心价值观，企业的愿景和使命。企业陈列馆将会用文字、实物、绘画、图片、雕塑、音像制品等外在形式和多媒体技术平台进行企业文化的综合展示。

（4）企业媒体

企业还必须拥有自己的报刊、网站、杂志等媒体平台。通过这样的传播平台去宣传塑造企业的形象，提升企业的知名度和美誉度，加强企业与外界的联系。客户、消费者及普通公众要认识了解企业，首先是通过网站、报刊等企业宣传平台。企业宣传平台是企业形象工程建设的重要内容。

（5）企业家个人形象规划

作为儒商企业的重要代表，儒商企业家是儒商企业形象的集中体现所在。一个儒商企业必须也只能由真正的内外兼修的儒商企业家来管理和执掌。不由儒商企业家管理和执掌的儒商企业是不可能存在的，可以说儒商企业家本身就是儒商企业的形象代表，或者形象代言人。儒商企业家的人格风范就是企业的风范，儒商企业家的个人魅力就是儒商企业本身的魅力，儒商企业家的气质和底蕴，就是儒商企业的气质和底蕴，儒商企业家的公众形象就是儒商企业的公众形象。这两者密不可分，是一而二，二而一的关系。

儒商企业家的一言一行，都将对儒商企业的形象产生至关重要的影响，所以，儒商企业文化建设中的形象工程必须包括对于儒商企业家的形象塑造和规划。其中包括企业家的言行、气质、社交、着装、藏书、办公场地的装饰装修等等。企业家着装要具有民族文化特色，穿民族服装；说话温文尔雅，而不乏阳刚之气；举手投足之间都要突显一个儒者的风范；办公室的书柜必须要陈列着儒家的经史子集；办公室要挂着圣人的画像等等。古人曰："谈笑有鸿儒，往来无白丁。"人以类聚，物以群分；近朱者赤，近墨者黑。圣人曰："无友不如己者。"一个儒商企业家应该有一个高层次的社交圈，不要天天灯红酒绿，吃喝玩乐，自甘堕落。

（6）企业公益形象

儒商企业与普通的现代企业最大的区别就在于，儒商企业有自己的时代使命、社会责任及历史文化担当。儒商企业是属于具有家国天下关怀的、具有强烈社会责任感和时代使命的社会公共组织。儒商企业奉行"义利合一"的价值观，儒商企业家都是以兼济天下为己任的。所以，儒商企业和儒商企业家最大的特点就是热心公益，"以财发身"，以商弘道，要用自己的财富为家国社会，为天下百姓谋福利，并在这个过程中提升和完善自己的生命境界和道德人格，以资本和商业经营这种特殊的资源和途径，在现代社会弘扬圣人之道。

儒商企业和儒商企业家都应该、而且必须热心公益和慈善事业。一个企业或企业家在从事公益事业的过程中，同时也会提升自己的知名度和美誉度，树立良好的公众形象，增加企业的无形资本，从而为企业的发展壮大聚集更为庞大的资源。公益事业有很多类别，从事什么样的公益事业，以什么样的方式去从事，投入多大的人力、物力，这一切都要根据企业的具体情况来对待。总之，要本着"义利合一、兼济天下；造福百姓、服务社会"的宗旨。

第 4 章

儒商企业人力资源管理

儒商企业员工素质模型

1. 德才兼备

改革30年来，中国走的是模仿西方国家的道路。我们学习西方的技术，管理模式，市场经济，但是学不了西方的资本主义精神，学不了清教徒的人格风范。中国的商业文明模式，没有文化软实力的支持，中国的商业精神、商业人格得不到培育，企业文化得不到建设。导致了企业员工是在一个唯利是图的环境中工作，在所谓“狼文化”的环境中博弈。

这样的环境使中国的企业员工和管理人员形成了一种特殊的素质模型和人格类型：没有宗教信仰，没有价值目标，没有文化关怀，没有人文精神，没有伦理道德规范。但具有较强的专业技术能力；具有为达目的不择手段的心理素质；还具有在复杂的人际关系中尔虞我诈，明争暗斗的能力；具有在一切潜规则中左右逢源的本事。总之，人性的光辉面被压抑，人性的阴暗面得到极度的张扬。这样的人格、良知都处于沉睡的状态甚至泯灭的状态。

与此相反，儒商企业的员工素质模型及人格特征则应该是：良知被唤醒，人性的阴暗面被克制，人性的光辉面得以彰显；这样的人应该是有坚定不移的信仰，信仰圣人之道，信仰天地祖先神灵，怀有敬畏之心；严格按照儒家的伦理道德来规范自己的行为；用儒家的根本精神价值及伦理规范来从事经营活动和企业的管理活动；把儒家的根本精神和价值作为自己安身立命的根本，作为自己的行动指南；诚信经商，兼济天下，散财于民，工作和业绩，商业经营和创造来为家国天下、为广大百姓谋福利；做到德才兼备，不光有良好的道德情操，同时又有过硬专业技术能力，既会做人又会做事。

2. 通才管理

对于管理人员而言，还必须成为“通才”。所谓通才，不是说对每一个行业，每一个专业，每一个领域都能够精通。术业有专攻，一个人的生命、精力、时间都是有限的，个人的个性、志趣也各不相同，没有人能够具备对各种专业和领域都精通的本领。这里讲的“通才”是指“贯通之才”。

圣人曰：“吾道一以贯之。”（《论语·里仁》）

这个“贯”就是贯通的意思。所谓贯通，就是指天人贯通；内外贯通；神人贯通；古今贯通；中西贯通；知行贯通；做人与做事相贯通；修身与齐家治国贯通；理论和实践贯通。能够做到贯通的人，俗称“通人”，也叫“通才”。通才就能够做到修身俟命，洞悉天理人情，能够格物致知，能够把天道天理及仁义礼智忠孝诚信等儒家的价值和伦理道德落实在自己的工作、生活和学习之中。像这样的人就是生命人格健全，道德人格完善的人。只有这样的人才能去从事管理工作。儒家的管理是“君子管理”，是“圣贤管理”，没有健全的道德人格就没有资格从事管理工作！

一个通才，无论把他放在什么性质什么专业什么领域的管理工作中，他都能够把管理工作做好。管理者是劳心者，劳心者治人，“治人”就是管理。所以，管理实际上就是管人。管人所依靠的不是专业技术和才能，而是明白事理，通达人情。知天理，明事理，通人情，这就是“通才”。只有“通才”才具备管理的能力和资格。

圣人曰：“君子不器。”（《论语·为政》）

器，就是器物，就是东西。圣人讲，君子不能成为器物，不能成为东西，必须成为人格健全的人。意思就是说，儒家教化的目标是生命人格和道德人格的完善，让人成为一个真正有灵魂，有精神，有道德的人。这样的人，才能称为君子。儒家不主张把人培养成没有灵魂，没有精神，没有人格的专家或专业性技术人才。专业性技术人才也就是工具型人才，就是“器”。一个人，如果生命人格不完善，没有道德，没有信仰，没有敬畏之心，他就会用自己的知识和能力为祸社会，贻害天下。正所谓“知识越多越反动”，越有能力，越有知识，越有技术，他给人类造成的危害，带来的灾难就越大越严重。

人类最不道德的事情，危害最大的事情，灾难性最严重的事情都是“专家”干出来的：高精尖的杀人武器是“专家”制造的；核泄漏是“专家”弄出来的；次贷危机与金融风暴是“经济专家”们搞出来的；毒奶粉、瘦肉精、苏丹红是中国的“食品化工专家”搞出来的；假药、假疫苗是“医药专家”搞出来的；对地球资源的掠夺，对生态环境的破坏，同样也只有专家才干得出来，普通老百姓想干也没这个能力。

由此可见，专家一旦泯灭良知，丧失灵魂，是多么可怕！儒商企业的员工一定不能成为没有灵魂的专家，没有良知的专业技术人员，而必须成为德才兼备、德艺双馨、有良知有灵魂的商界君子。

儒商企业员工的人格教化

1. 教化与培训的区别

培训是职业性的，技术性的，技能性的教育，是指对专业知识及技能的培育和训练。而教化则不同，是对人进行精神及灵魂塑造，是对人的生命人格和道德人格的培育。通过教化，让人变化“气质之性”，恢复“天地之性”；让人克制私心和欲望，“化性起伪”，变化气质。教化是教人唤醒良知，为善去恶，从而成为一个善良的人，有良知的人，有道德的人，成为一个生命人格健全的人。

教化，是从人的内在心性进行化育，使人产生道德自觉，让人实现心灵的内在和谐和安宁。儒教是礼乐之教，是教化之教，隆礼乐重教化是儒教最大的特点。董子：“圣人之道，不能独以威势成政，必有教化”，“教化不立，而万民不正”。也就是说，对人的管理有两种方式和途径，一种是通过法律、制度等外在规范，还有一种是通过教化的手段来完善人性，使人产生道德的自觉，从而达到完善社会的目的。

法律与制度规范使管理对象产生畏惧之心，通过硬性的强制性力量维系管理秩序。而教化则使人产生道德自觉，让人心自觉趋善，从根本上化解冲突，形成良好的管理秩序，达至管理的目标。所以，管理需要法律，需要制度，需要规范，但更需要教化！这就是儒家“德主刑辅”，“明刑弼教”的管理思想。

所以，儒商的管理，既要学习西方制度化、科层化的管理思想和管理模式，同时也要在复兴中国传统文化的基础上，吸收传统文化的资源，建立起现代管理中的“教化机制”。要用圣人之道来教化员工，完善员工的生命人格，要制度管理与道德教化双管齐下，创造出中国式的有效的管理模式——儒商管理模式。

2. 教化方式

教化，是特指用儒教圣人之道来对人进行气质涵养、道德培育和人格转化。儒教是教化之教，道德教化是儒教最重要的本质特征和诉求，也是儒教最大的强项和优势。与其他文明形态相比，儒教更关注道德教化与人格塑造，儒教经典无不具备教化功能。

> “温柔敦厚，《诗》教也；疏通知远，《书》教也；广博易良，《乐》教也；絜静精微，《易》教也；恭俭庄敬，《礼》教也；属辞比事，《春秋》教也。”（《礼记·经解》）

儒教的六经，是分别从不同的方面和方式对人施教。儒家教化的目标是：唤醒良知、变化气质、提升生命境界、完善道德人格，让人产生源自生命内在的道德自觉，主动弃恶从善，从而形成良好的秩序，达至理想的管理效果。

根据儒教的基本教义和经典义理，总结儒教教化模式如下几方面。

（1）神教

> “圣人以神道设教而天下服矣！”（《易经·观卦》）

神教，即“神道设教”，就是通过宗教信仰的形式，在神圣的仪式中，在对神灵的敬畏中，去感悟神圣超越价值，去体悟天道天理，去接受圣人的教化。神，就是神灵，儒教是多神教，有着庞大的神灵系统。千百年来，从帝王国君，到士大夫，到普通百姓，都虔诚地信仰神灵。儒教，有着庞大的神灵体系，有着关于神灵系统、神人关系及神人沟通方式的系统阐述，这些神灵及教义在儒教的经典中都有详细的记载。儒教，不仅是道德之教，也是神道之教；不仅是一个人文传统，也是一个宗教信仰体系。不了解神道设教的内涵和意义，就不能充分领悟圣德王心的高妙；不通过神教的进路，就不能明白儒教教化的真正内涵和魅力。儒教的神灵有以下几类：

①昊天上帝，是儒教的至上神，是人间世界的创造者和主宰。

②社稷神，位格仅次于昊天上帝，是配天大神。

③以孔子为代表的圣贤神灵，孔子为儒教大神，位格仅次于昊天上帝，与社稷神同格。

④以伏羲、黄帝为代表的民族先王神灵。

⑤家族祖先神灵。

⑥风雨雷电、山川河海等诸物百神。

⑦历代忠烈之士、节义之士、有大功德于民者，均列为祀典，成为儒教神灵。

神教，就是“神道设教”。即通过对神灵的信仰、敬畏和崇拜，来实现教化的目标。这其实就是用宗教信仰的方式，让人们对超越神圣的价值保持景仰和敬畏之心。人，只有对天地、祖先、圣人有了敬畏之心，才拥有源自生命内在的神圣自我规范与约束力。这种神圣性的生命自觉是人们为善去恶，良知呈现的前提。没有敬畏之心，就是一个天不怕地不怕的人；就是一个万恶敢为，伤天害理的人。

俗话说，头上三尺有神明。慎终追远，民德才能归厚。数千年来，儒教都非常重视神道设教和神灵教化。儒教是一个庞大完善的宗教信仰体系，神道设教与神灵教化是儒教教化最为重要的方式和途径。

儒商企业是儒教的基层组织，儒商企业的员工都应该是儒教信徒，神道设教及神灵教化是儒商企业教化的重要形式。要让每个员工自觉信仰天地、祖先、圣人、神灵，把儒教作为自己安身立命的精神家园，把圣人之道作为自己立身做人的大根大本，作为自己精神生命的终极关怀。神道设教就是要让每个员工以儒教作为自己坚定不移的生命信仰，做一个虔诚的儒教信徒。

（2）诗教

圣人曰："兴于《诗》"。兴，就是开始、起始之意。兴于诗，就是说儒家的人格教化，是首先从诗开始的。诗，对于儒家传统，对于中国文化而言，有着特殊的意义。西方文化把诗当作一种纯粹的文学创作形式，即诗歌。而诗对于儒家和中国传统文化而言，有着更为丰富和深厚的内涵。《诗经》被列入儒教六经，是儒教最为重要的经典之一。在儒教看来，诗不光是一种文学形式，更重要的是，它具有道德培育和人格教化的功能。"兴于诗"，就是说儒家的教化是从诗教开始的。

中国文化就是诗化的文化，诗在中国文化中是一个非常重要的元素，不懂诗就很难领悟到中国文化的真正魅力，因为诗的精神泛化到中国文化的一切领域。对中国而言，诗就是一种文化精神：中国的宗教是诗化的宗教，中国的哲学是诗化的哲学，中国的人格是诗化的人格，中国的艺术也是诗化的艺术，甚至中国的政治也是诗化的政治。中国的管理，自然也是“诗化的管理”。

绘画是有形的诗，音乐是有声的诗，政治是治世的诗，管理是行为艺术的诗。中国历史上，几千年来从来没有西方意义上的“专职诗人”，中国的士大夫、官员、乡绅都是诗人。诗，是中国读书人必备的一种素质和能力，也是一种人格特征。中国文学史上最优秀的诗人，要么是圣贤，要么是帝王，要么是官员，要么是隐士，要么是乡绅。中国历史上最优秀的人都是诗人，不懂诗，不会写诗，不具备诗人气质的人，在中国历史上很难成为第一流的人。一个合格的儒商企业管理者应该懂诗，应该具有诗人的气质和人格。

诗，历来就成为儒教教化的重要手段，成为儒者修身、养性、修德的首要方法。读诗和写诗，是中国人完善自身生命人格和道德人格的重要途径。从孔子到朱子，到阳明先生等历代圣贤；从汉高祖到汉武帝，到唐太宗，到康熙乾隆，到毛泽东等历代帝王和政治家；从屈原到李白、杜甫、王维、白居易、苏东坡等历代官员，他们都是优秀的诗人，但谁都不是“专职诗人”。

> “不学诗，无以言。”（《论语·季氏》）
>
> “诗，可以兴，可以观，可以群，可以怨。”（《论语·阳货》）

中国的语言是诗化的语言，不懂诗，就学不好中国的语言，就不可能很好地掌握和运用汉语这一工具，当然，也就无法用汉语这一工具来进行精神文化创造活动，也就不可能产生第一流的形而上学家、哲人、政治家、文学家。中国近代以来文化精神创造力贫乏，各个领域均不能涌现出第一流的大师，其原因之一就是中国诗化精神的萎缩，诗教传统的式微。要培育第一流的人才，就必须从诗教开始！

今天，要建构儒商企业文化，要创造儒商管理模式，要对员工进行教化，要培育和塑造儒商人格，就必须恢复儒家“诗教”传统。要用“诗教”这一种特殊的教化手段，去陶冶和培育良好的道德人格，滋养第一流的管理人才。凡是接受过良好诗教的人，凡是具有诗人气质的人，我们很难把他与平庸、肤浅、自私、阴暗、奸猾、歹毒等恶劣品质联系在一起。

（3）礼教

礼，就是礼仪。儒教文明是一个尚礼的文明，隆礼的精神气质与文化魅力使中国有了“礼仪之邦”的美誉。对于中国而言，礼既是一种宗教事神仪式，也是一种行为准则，一种外在的社会规范力量和管理模式。对儒教而言，礼还是重要的人格培育途径和教化手段。

在儒教看来，人都有私心，有欲望，有好恶。贫穷与苦难，是人之所恶；富贵荣华是人之所欲。但如果没有外在的规范与制约，人就会因为私心主宰和人欲横流而泯灭良知，丧失自我。

礼，既能体人情，又能防世乱，是重要的管理模式。作为管理模式的“礼”，能够在超越契约、法律和制度的情况下为人间带来一个良好的秩序。“礼”所带来的秩序是“天地之序”。

> “礼之教化也微，其止邪于未形，使人日徙善远罪而不自知也。”（《礼记·经解》）

礼，能够防患于未然，止邪于未形，做到刑不用，罚不施而天下安宁。这就是礼的教化功能、治世功效和管理效果。“礼者，理也，圣人之成法”。礼就是天道，就是天理，就是人情事理。循礼就是循天理，学礼就是崇人伦，遵礼就是遵人道。

礼是维护社会秩序，对社会进行有效管理的重要手段。世无礼，则上下不明，贵贱不分，君臣无义，兄弟相残，朋友无信。如此，则奸心四起，人心紊乱，人伦尽丧。

> “人无礼，则不生；事无礼，则不成；国家无礼，则不宁。”（《荀子·修身》）

“是故礼者，君之大柄”。对于儒商企业而言，礼是重要的教化手段，是形成良好的管理秩序，建构儒商王道管理模式的重要途径。

（4）乐教

儒教之“乐”，不同于现代艺术形式的“音乐”。儒教之乐，源于儒教的宗教信仰，是一种与儒教的宗教信仰及宗教生活相关联的特有教化形式。“乐”与“礼”相结合，构成了儒教最为本质的特征，使儒教成为“礼乐之教”。

儒教之“乐”被称为“雅乐”，不是宽泛意义上的音乐艺术。所谓“雅”，即典雅纯正之意。“雅乐”是儒教祭祀典礼、宫庭礼仪及军事大典上演奏的音乐。在风格上，雅乐庄重，肃穆，宁静；曲调简单，节奏缓慢，声调平和。

儒教特别强调的是乐的道德意义与教化功能，而不是穷极音乐的表现力并展现艺术魅力，儒教赋予乐以神圣的宗教性和道德内涵。

> “德音之谓乐。”（《礼记·乐记》）

对于乐，儒教有自己的理解和特殊的规定性。依儒教教义，乐具有“载道”和施行教化的特殊功能。乐以载道，与道相通。有德之音，载道之音，才堪称“乐”。

德音就是中正之音，平和之音，无邪之音，有德之音。能体现儒教天道天理，体现儒教中正理念与太和精神之音，就是德音。乐以中正为雅，以太和为雅。只要中正仁和，益于德教，利于化民成俗，就是德音雅乐。

与雅乐相对的是“郑声”。所谓“郑声”，即郑卫之音，原指郑国与卫国的地方音乐。郑声“淫于色而害于德”，是为“乱世之音”，为“淫乐”。德音为雅，奸声为郑。郑声淫乐，荒诞污秽，华丽奢侈，极耳目之欲。是小人之音，人欲之音，害德之音，乱世之音。

德音雅乐能够陶冶心性，培育人格，完善道德，是重要的教化手段和途径。

> “仁言不如仁声之入人深矣。”（《孟子·尽心上》）
>
> “乐者，通伦理者也。”（《礼记·乐记》）

正因为乐与德相通，与政相通，具有为别的形式所不可取代的教化功能。故儒教重乐，崇尚乐教。故此，儒商企业管理工作中，必须要重视“制礼作乐”，重视员工教化中乐教的作用。

3. 教化课程设置

儒商企业教化课程的设置立足于儒教的基本教义，介绍儒教相关礼乐知识及修身方法，帮助员工确立儒教的精神信仰；同时，阐释儒家经典义理，介绍儒学常识，帮助员工建立儒学知识背景及儒家伦理的内在规范。使员工在教化过程中逐步完善自身道德人格。根据儒教神教、诗教、礼教、乐教相结合的教化模式拟定如下教化课程：

①《儒教经典选编》《儒教圣贤语录》

②《儒教须知》《儒教信仰》

③《儒教圣训》《圣洁生活》

④《儒修》《儒戒》

⑤《诗经选编》《古诗词名篇赏析》

⑥《企业礼仪》

⑦《中国雅乐鉴赏》

案例 14　富士康员工连续 12 次跳楼事件分析

2010 年，富士康员工连续 12 次跳楼事件，引起了社会各界的广泛关注。事件发生后，富士康总裁郭台铭亲临深圳应对危机，其应对策略如下。

首先，在高层建筑物周边设网以期阻止员工跳楼，并美其名曰“爱心网”。郭台铭声称“这是最笨的办法，但是是最有效的办法”。可遗憾的是，“爱心网”没有能够阻止员工继续跳楼，“爱心”也没有真正送达。

第二，厂方认为，员工跳楼是冲着数 10 万元的赔偿金来的。于是，下令降低赔偿金额，直至取消赔偿。但少给钱甚至不给钱，员工仍然继续跳楼。经济制裁失灵。

第三，从五台山请来大法师作法。但大法师的特异功能也明显失效。

第四，往企业派驻大量心理咨询师。事实证明，心理咨询同样解决不了问题。

从富士康应对危机的手段可以看出，他们明显号错了脉，下错了药。实际上，富士康员工连续跳楼事件是中国企业管理问题和企业文化建设问题的集中体现。中国的企业没有真正关心员工的心灵、精神及身心性命安顿的问题。没有把员工的心灵抚慰及精神家园建设问题纳入到企业管理工作中，纳入到企业文化建设的工作中。

富士康的管理模式学习的是日本，而日本学的是西方，富士康学到了日本和西方的管理制度规范，没有学到日本及西方企业文化的精神，没有学到企业文化的软实力。由于没有宗教信仰，没有价值关怀，员工在精神上感到困惑，丧失生活的目标，看不到生命的意义，心灵的承受能力很低，生命不能负重，一旦受到外在力量的打击，就很容易走向极端，做出过激的反应。就像一棵树一样，根须不立，它就不能经风历雨。

要解决中国企业类似于富士康的问题，就必须从企业文化建设上着手，从企业管理上下工夫，要加强企业文化的软实力建设。要注重员工的心灵抚慰及生命人格的教化；企业不仅要为员工提供物质的家园，还要为员工提供一个精神的家园。尤其是大中型企业，科层复杂，人员众多，俨然是一个小社会，更是要注重员工的精神家园建设。只要员工都成为有信仰的，精神上有归依的，身心性命有所安顿的，身心健康的人，就不会出现类似富士康这样的悲剧。

4. 教化课程模式

(1) 课堂讲授

由专门的儒家学者和老师，用课堂讲授的方式传道授业。传圣人之道，讲圣人之学。课堂讲授的内容包括儒家的经典经学，基本义理和基础知识。通过系统的课堂讲授或专题性讲座，让员工对儒家的基本义理和基础知识有一个相对比较系统的认识，对儒家的基本道德条目有系统的了解，对儒家治学、求道、修身、做人、做事的基本原则有初步的体悟。

课堂讲授所请的授课老师需满足两个条件：第一，要对圣人之道圣人之学有坚定不移的信仰，在价值上对圣人之道有坚定不移的认同。第二，要接受过儒家义理之学的专门训练。那种把圣人之学当作研究对象而不信仰不认同儒家价值的所谓“学者”，是没有资格讲授圣人之道圣人之学的。韩愈说：“师者，所以传道授业解惑也。”传播圣人之学，首先必须要“传道”，讲圣人之学不传圣人之道，甚至不认同圣人之道，是没有资格讲圣人之学的。

（2）答疑解惑

疑就是疑惑，惑就是困惑。是人们在为学求道的过程当中，在修身的过程中，在进行世上磨练的过程中，所产生的一系列关于生命、精神、灵魂的困惑以及在学理和知识上的一些疑问。圣人之学是身心性命之学，是治国平天下之学，是生命实践和社会实践之学，不是纯粹的知识之学，更不是工具之学。人们在修齐治平的过程中，都会碰到各种各样的疑惑，老师就是要为学生解答这些疑问和困惑。这就要求从事教化工作的老师必须要在治学求道和生命实践中要有相当的体悟，并且要按照儒家经典义理来为学员排忧解难，答疑解惑。授课时，学生侍坐一侧，将自己的疑问和困惑提出来，由老师逐一解答，也可以进行讨论。这种授课模式是孔子以来，儒门所推行的常用的一种方式，轻松、自然、亲切和有实效。

(3) 唤醒良知

“人之所不学而能者，其良能也；所不虑而知者，其良知也。”（《孟子·尽心上》）

阳明先生说：“吾心之良知，即所谓天理也”。“良知是天理之昭明灵觉处，是天植灵根，是造化的精灵”。良知，就是人与生俱来的天赋的善良的本性，是不需要通过学习，不需要通过思考，就能够具备的。良知就是天理，是天道，是天道天理在人身上的具体的落实和表现。人与动物最大的区别就是，人有良知，而动物没有。良知是人之所以为人，人之所以高贵的原因。良知是天赋的，但是，在人的成长过程当中，随着社会习性对人性的污染，人的良知就逐步被障蔽。人的私欲越强，其良知就障蔽得越深。所以，实施教化必须首先唤醒良知。

阳明先生把唤醒良知称之为“致良知”，《大学》称之为“明明德”。“致良知”就是要让人的良知呈现出来，“明明德”就是要让光明的德性彰显出来。阳明先生把致良知称之为“本心自识”。“去吾心私欲之障蔽，而复吾心天理之本能”。当一个人的良知被障蔽的时候，什么伤天害理的事都可能做得出来；当一个人的良知得以呈现的时候，他就会为善去恶。致良知、明明德，是修身的重要方法，也是实施儒家教化和完善道德人格的根本途径。

(4) 静修反省

《大学》云：“知止而后有定，定而后能静，静而后能安，安而后能虑，虑而后能得。物有本末，事有终始，知所先后，则近道矣。”

静，就是静定；修，就是修学、修身。要修学修身，就必须要能够静定。静则心不妄动，定则志有定向，静定才能够处事精详，才能够得道，达到至善的境界。所以，静定是人们修身的重要方法，是实施教化的根本途径，是人们成德入道的法门。往圣先贤有“半日读书，半日静坐”之说，由此可见静定工夫对于修身治学的重要性。

孟子曰：“行有不得，反求诸己。”反省，就是对自己的思想言行，所作所为，进行反思、省察，看看有没有失德之处，有没有离经叛道的言行。人要通过不断的反省，不断的检讨自己，才能够去恶从善，改过迁善。有了过错要勇于自责，从自己身上寻找原因，不能文过饰非，要知错必改。《荀子》：“君子博学，而日参省乎己，则知明而行无过矣。”人非圣贤，孰能无过？过而能改，善莫大焉。反省是儒家重要的修身方法和教化途径。

（5）格物致知

格物和致知，是《大学》八条目中排在最前面的两个条目。格物就是“穷至事物之理，于其极处无不到”。也就是说一切事物都有一个“理”，这叫物性、事理。物性和事理都是天理，都是天理的具体表现。只有穷至事物之理方能下学上达，参通天人。致知就是让人对于世界的认识了解，对于是非善恶的明辨达到极致。致知则大智大慧，明辨是非善恶，明理尽性，做到“周万物而知”。格物致知，就是对万事万物的穷尽和明辨，是对于人情事理的通透，对于天道、人道的贯通。

（6）情境体验

儒家文化是礼乐的文化，既是神道设教的信仰体系，又是世间法的人文精神传统。儒家文化文质彬彬，既有着博大精深的义理和精神内涵，同时又拥有纷繁复杂、丰富广博的外在形式。对儒家文化和圣人之道的领悟不能仅从知识层面和精神价值的层面，还必须从礼乐、典章、制度层面着手。儒商的教化课程体系也需要营造一种外在的文化环境和精神氛围，让人们在这样一种特殊文化环境中接受熏陶和教化。比如儒家的礼和乐，儒家传统的服饰，儒家的神位、道场等，由各种文化要素和文化载体所共同营建的神圣庄严的文化环境。让人们在这样一种文化环境中去直观体验儒家文化的魅力，领悟圣人之道的高妙。

(7) 朝圣之旅

儒教有自己的圣地，那就是有“东方圣城”之称的山东曲阜。曲阜是孔子诞生的地方，也是儒教文明的宗教文化中心，是圣人孔子的故里，也是亚圣孟子、复圣颜子的故里和轩辕皇帝的诞生地。千百年来，到曲阜朝圣就是儒教的一个传统，是每一个儒教徒、每一个士大夫、每一个有儒家文化情结的中国人及外国友人最大的心愿之一。在朝圣的过程中，人们可以参拜孔庙、孔林、孔府以及孔子出生之地尼山。可以在参拜、瞻仰圣人古迹的过程中，在从事祭祀的礼仪活动中，去聆听圣人之道，去感悟圣人之道，去接收圣人的教化。朝圣之旅是文化之旅，是心灵之旅，是信仰之旅，也是教化之旅。

(8) 圣洁生活

创造圣洁生活，让被管理者的生活圣洁化，是对被管理者进行教化的基础和前提。儒教是入世间法，儒商的管理也是在世俗社会和世俗生活中完成的。所以儒商管理对于被管理者的教化也必然是在世俗生活中来进行，不可能出离世间，弃绝尘世，而必须在伦常日用与经营管理活动中来实现。要让被管理者在生活和工作中克制私心和欲望，坚守儒家道德伦理规范，持守名节，勤俭持家，克己奉公，崇德积善，逐步荡涤不静不洁的生活习惯和人格缺陷，逐步完善自身的道德人格。圣洁生活的创造是对被管理者进行教化的重要途径和手段，是被管理者修身成德的基础和前提。

员工道德人格测评体系

儒商企业的人才模型是“德才兼备”。德和才是儒商企业对于人才界定的两个基本要素。德，是一个人的道德水准、道德品质；才，是指一个人的才能。才是显性的要素，德是隐性的要素。“才”是显而易见的，而“德”往往是看不见的，甚至看到的表现出来的恰好与真实的相反。那么，一个管理者怎样才能对一个被管理者的道德水准和道德品质作出正确的判断呢？怎样才能够保证管理者在识人用人的过程中能够真正把有德的人推举出来呢？

传统社会对人才道德品质的鉴别，是通过三个途径：一是管理者的观察与直观感觉，俗称“相人”或者“相面”。所谓“相人”，就是对初相识的人通过“相面”的观察及简单的语言交流来对其进行判断。另一种途径是经过长时间的交往和共处、共事，来逐步认识和了解。再有就是通过第三者的介绍和推荐。对于现代儒商企业的用人机制而言，这三种方法都不稳妥。

为了便于管理者识别人才，了解被管理者的道德品质状况，就必须建立一套“道德品质及人格测评体系”。通过一整套可操作的测评系统和工具，来对被测评者进行综合的道德品质考察。既要保证测评的有效性，同时也要让测评考察工作具有可操作性。儒商企业“道德人格测评体系”是以儒家伦理道德为价值取向，综合中国传统的相关制度，并吸纳西方现代管理的有效资源，返本开新，因时创建出来的。

企业“员工道德审查委员会”是道德人格测评体系的执行主体，专门负责员工道德审查与监督。该组织独立于企业科层管理机构之外，不受总经理管辖，直接对董事会负责。“员工道德审查委员会”主要从事企业管理层与员工的道德审查、测评、监督、奖惩。儒商企业“道德品质及人格测评体系”由下列测评系统构成。

1. 考试测评系统

就是通过考试的方式来对员工道德人格品质进行测评。考试的形式分为笔试和口试。考试的内容包括儒家经典义理及相关的知识、儒家伦理道德常识、职业道德常识、行为规范常识、员工守则、企业家训家规、企业礼仪等等。企业在新员工招聘和人才的晋升、提拔等过程中，都可以采取考试测评的方法。

2. 调查测评系统

调查测评，是对被测评人进行专门的调查，通过调查结果来判断被测评人的道德品质状况。调查测评又分为四个方面的测评。

问卷调查：即通过问卷的形式让被测评人回答问卷的问题，再由测评机构根据回答的情况，进行综合整理，从而得出测评的结果。

电话调查：由测评人通过电话形式向被测评人的相关社会关系进行电话调查，了解、询问被测评人的道德品质状况，从而得出测评结果。被测评人的家人、邻居、同学、同事、任课老师等等都是调查的对象和渠道。

专人调查：测评机构派出专人进行外调，到被测评人的故乡、以前就读的学校、以前就职的单位进行了解和调查，然后再根据调查情况进行综合判断，得出测评结果。

内部调查：在企业内部，向与被测评人有过交往的人了解、调查，其中包括被测评人的上司、同事、下属、客户等。

3. 民意测评系统

民意测评就是由与被测评人相关的人，而不是由测评机构的专人来对被测评人进行测评。其中包括：上司评议、属下评议、同事评议、客户评议。

4. 情境测评系统

情境测评，就是在特定的情势和环境中，用特定的方式来对被测评人进行测评。测评的情景是由测评人为测评对象专门营造和布置的。情境测评又包括如下测评方法。

游戏测评法：游戏测评就是通过专门的游戏，让被测评者在做游戏的过程中，自然的，情不自禁的表现本真的自我，再根据这种表现来判断被测评者的道德品质和人格特征。

利诱测评法：把被测评人置于特定的情境中，用物质利益来对其进行诱惑，看一看被测评者在物质利益诱惑的情境下，会有什么样的作为和表现，从而考查和测评他的道德品质与人格。

色诱测评法：把被测评者置于特殊情境中，诱之以美色，然后根据其表现和反应来测评他的人格与品质。

醉酒测评法：俗话说，酒后吐真言。人在酒精的刺激和作用下，会产生一种兴奋，在醉酒的状态中，人最容易把真实的一面表现出来，所以醉之以美酒，以考查被测评者的人格和道德品质，往往能得到意想不到的结果。

威压测评法：当一个人面对来自外界的强大威势和压力时，往往能突显出他的内在品质，刚毅与懦弱，稳重与轻浮，忠厚与奸诈等品质都会表露无遗。所以对被测评者示威和施压，以考查和测评其人格品质，是一种有效的方法。

逆境测评法：在逆境中，人的品质和人格力量最容易得到突现，为了测评一个人的内在品质和人格力量，最有效的办法之一就是将其置于四面楚歌的逆境当中，然后看他的表现。

5. 遣使测评系统

“遣使测评系统”由如下测评方法构成。

远使测评法：“远则易欺，远使以观其忠”。远使就是把他派遣到很远的地方去工作、办事。由于远离中枢，无人监督，这时，最能够了解一个人的忠心。在身边表现出来的忠心不一定是真正的忠心，在远方独自专断的情况下所表现出来的忠心，才是真正的忠心。

近使测评法：“近则易狎，近使以观其敬”。近使，就是把被测评者放在身边工作。圣人说，小人“近则不逊，远则怨”。如果他是个小人，离君上太近，就容易非礼无法，不明上下，就容易无敬畏之心。君子则不然，不会因亲疏远近而改变礼数和敬畏之心。存敬畏之心是君子；无敬畏之心是小人。

卒使测评法：“卒则难办，卒使以观其智”。卒使，就是让被测评者去处理突发性事件。突发性事件需要临危不惧，临乱不惊的气度和胸襟，让被测评者处理突发性事件，就可以观察他的随机应变的能力和智慧。

委财测评法：见财易贪，委财以观其廉。委财就是把大笔的资金交到被测评者的手里，让其管理和使用，赋予他财权。当一个人拥有财权的时候就容易起贪心，所以这种测评方法可以看出一个人的廉洁程度，易贪者就不能委以重任。

临危测评法：危则易变，告危以观其节。为难之处显真情，君上有难，最容易体现出臣下的节操。在测评时告之以危，以观其节，小人在别人危难时便会有贰心，甚至落井下石，混水摸鱼。君子则不然，“可以托六尺之孤，寄百里之命”。

逸处测评法：逸则易颓，逸处以观其志。逸处，就是身处优越舒适和安逸的环境。人置身于这种环境的时候就会意志消沉，心情颓废。用这种方法测评一个人的人格和品质，就能够测出他的志向坚定与否，意志坚强与否。逸居颓废者则不堪大任。

6. 荐举测评系统

荐举测评就是由与被测评人相关的人士进行推荐，根据推荐的情况来测评其品质和人格。推荐者都是与被测评人长期一起工作和生活的人，对其有深入的了解。所以推荐测评法也是一个重要的测评方法，被测评人的上司、同事、老师、老客户、老关系户等都可以作为推荐人。

7. 检举测评系统

检举测评体系就是让与被测评人相关的人士，如上司、同事、下属、客户、关系户等以匿名或公开的方式检举揭发被测评人，以达到测评的目的。道德审查委员会要建立和完善道德检举制度，疏通检举渠道，让每个人都有检举与被检举的机会和可能。

案例 15　唯利主义管理的两难困境

一个兰州拉面馆老板聘请了一个做面食的师傅。一开始，给他固定工资，这个师傅为了自己工作轻闲一点，让吃面的人少一点，他就在面里面少加肉，因为肉一少了，面的质量低了，来的人就少，来的人越少他就越轻闲。不管人多人少，工资都是固定的，所以他乐得轻闲。后来老板改变了，由固定工资改为销售提成。这个做面的师傅，就使劲地给顾客多加肉，顾客就觉得很实惠，来的人就很多。顾客越多，这个师傅的提成也就越多。但这样一来，由于肉加得很多，成本就很高，销售量增加了而利润却并没有见长。

这就是唯利主义的管理模式，用利益作为唯一的激励机制。其结果是，无论你采取固定工资还是销售提成的形式，被管理者始终有办法对付管理者，为维护自己的利益而不惜损害企业的利益。一来制度都不是完善的，都有空子可钻。二来以利益作为管理目标，作为激励机制的唯利主义管理模式，让被管理者变成唯利是图之人，这样的人就会为自己的利益而不惜牺牲他人的利益或集体的利益，很难达至理想的管理效果。要想取得良好的管理效果，必须要让被管理者产生道德自觉，心甘情愿忠诚于企业，切切实实为企业着想。而要达至这样的效果，就必须对被管理者进行道德人格教化。

儒商企业圣洁生活制度

儒商企业的员工，都应该是商界君子，至少要以君子的德行来要求员工。所以儒商企业的员工应该要有圣洁的生活，有干净的而不是肮脏的生活。圣洁生活是儒教徒修身的基础和前提，是儒商企业家成长的环境，也是对儒商企业员工进行人格教化的途径。儒教不主张出离世间，完美的人格必须在世间圆成。儒商企业家的修身，儒商企业员工的教化都必须在世俗生活中进行，必须是在企业的文化生活与经营管理工作中进行。儒商的君子风范必须在伦常日用当中，在企业的经营管理实践中来实现。所以，必须要创造圣洁的生活，要创造健康的企业文化环境和工作环境。而圣洁生活的创造，又必须靠制度来落实和保障。

1. 晨课制度

晨课就是每天清晨，在正式开展工作以前，专门用一段时间让员工参加学习，对员工进行教化。晨课制度在不少的现代企业里都有，但是，儒商企业的晨课制度跟普通的现代企业晨课制度有着根本的区别。这个区别就在于晨课的内容和形式，现代企业的晨课制度，晨课通常都是用于所谓的“励志”，其目的是激发员工的热情，调动员工的积极性，刺激员工对于成功的欲望，开发员工的所谓潜能。这种晨课在内容上有较强的功利化倾向，在理念上、价值上、手段上是通过刺激人的欲望，让人产生生理上的亢奋，其所谓的潜能挖掘，所谓的励志，实际上就是张扬人的欲望。这样的晨课通常使用一些平庸的、浅薄的、世俗的形式和手段。

儒商企业的晨课制度与普通的企业晨课制度相比，在内容和形式上都有着重大的区别。儒商企业的晨课内容是以圣人之道圣人之学教化员工，净化员工的心灵，培育员工的人格，提升员工的修养，让员工成为一个道德生命健全，人格完善的君子，成为一个守“仁义礼智、忠孝诚信”之德的儒者。

在晨课上，员工要向天地祖先神灵行告拜礼，要上香，礼拜，祷告，唱圣歌；要诵读圣人语录，诵读儒家经典，诵读企业《家训》；要学习企业礼仪，学习企业核心价值观及伦理道德规范。可以看出，儒商企业的晨课具有精神信仰的性质，具有神圣超越性，具有礼乐特征，具有伦理道德倾向，具有人格教化特点。儒商企业的晨课不是功利的，不是世俗的，而是神圣的，是生命人格的，是道德的，是直指人心的。

2. 告拜制度

告拜制度，是儒商企业员工告拜神灵的制度。有条件的企业应该修建企业祠堂，条件不足的企业，也应该设立专门的企业神位。儒商企业要形成固定的告拜神灵的制度，这是企业员工圣洁生活的重要内容。儒商企业员工在下列情况下须告拜神灵并向神灵行告拜礼。

①春节、清明、端午、七月十五、中秋、孔子诞辰日等传统节日。

②企业重大仪式与活动，如：开业、奠基、合作、庆典等。

③企业重大人事任命，如：总经理及高层管理人员就职

仪式。

④新员工入职仪式。

⑤员工大会、业务推介会、研讨会、交流会等。

⑥员工在日常生活中，如遇下列情况，须向神灵行告拜礼：第一，事业有成，须告拜神灵，以感神恩天德。第二，逢喜事，宜告拜神灵，感神灵之恩。第三，有灾祸，宜祈求神灵辅佑，以逢凶化吉。第四，有过错，宜告拜神灵以自省悔过。第五，有罪孽，宜告拜神灵以忏悔，求神灵宽恕。第六，每临大事，宜告拜神灵，以祈求神灵保佑，辅成其事。

告拜礼是儒教的重要礼仪，也是儒商企业教化员工的重要形式和途径。告拜制度是儒商企业圣洁生活重要保障之一。

3. 家训制度

所谓“家训”，就是企业大家族对每一个企业家族成员在做人、做事方面，在工作、学习和生活方面所作的根本性的原则规定。它是企业创始人对后世继任人及子孙的要求和训戒。企业“家训”是根据儒教信仰，根据儒教的基本教义、经典及根本精神，结合企业的具体情况所拟定的用于对员工进行教化和规范的纲领性文件。是儒商企业保持儒商根本精神，持守儒家道德的原则性规定。

“家训制度”是儒商企业实施教化的具体措施之一，可以说，企业家训就是企业的“宪法”。企业家训是企业员工晨课的重点学习内容，是新员工入职培训的重要内容，是各级管理人员就职宣誓应遵循的大原则，同时也是儒商企业传承和继任的根本依据。

企业家训是儒商企业文化建设的重要内容，将由儒家学者会同企业创始人及高层管理人员，以儒家经典义理为依据，结合企业的具体生产经营特点会商制定。企业家训的拟定就是企业的“制宪”工作，一旦制定就将成为企业的最高行为准则，是企业一切制度和管理的源头，是企业的“法中之法”。企业以家训为共同的价值观和纽带，把全体员工凝聚成一个整体，从而获得每一个员工的忠诚，产生巨大的合力。每一个员工都作为企业大家族的一员而在企业找到自己最终的归宿，家训制度也因此而成为儒商企业员工生活圣洁化的重要制度保障。

4. 孝亲制度

孝亲，就是要爱自己的父母和亲人，要对父母和亲人尽孝。孝亲，是儒家所推崇的“至德要道”。所谓“至德”，就是最高的道德；所谓“要道”，就是最重要的价值。孝道在儒家经典《孝经》中有详细的阐述，孔子有“志在春秋，行在孝经”之说。

儒家最重孝道，孝道被视为百善之源，仁义之本。儒教之所以推崇孝道，是因为孝道是人伦之本，是教化之途，是治国之方，管理之道。忠臣出于孝子，一个对父母、对亲人都无孝心的人，那是禽兽不如的人，他就不可能成为企业的忠臣。

要提高员工的道德素养，培育员工的道德人格，让员工成为对企业忠心耿耿的君子，就要从孝道着手。“教民亲爱，莫善于孝；教民礼顺，莫善于悌”。孝亲，是一个人进德趋善的必由之途，是儒家道德教化及人格塑造的重要途径。

孝道，不光是要作为一种价值和伦理，同时，也要作为一种制度来进行落实，要在企业管理过程中，把孝亲落实为可操作的制度模型。例如：父母的生日给员工放假，让员工陪伴在父母身边，陪父母一起度过生日。又如：儒商企业薪金制度规定，员工的薪金中有一部分称为“亲俸”，“亲俸”不发给员工，由企业直接汇给父母或者重要的直系亲属。再如：企业的奖励制度中，不光要奖励员工，还要奖励成绩突出、德才兼备的员工父母。另外，对员工父母及家属的慰问也要形成制度。总之，要把孝道作为企业的“至德要道”，作为企业文化的核心价值，把孝亲落实为一系列可操作的制度规范。这是儒商企业员工生活圣洁化的重要标志。

5. 修学制度

儒家传统是一个非常重视学习的传统，孔子及历代圣贤都把学习当成一件重要的大事来对待。对于儒家而言，“学习”不仅仅是指学习“知识文化”，更不是学习“科学技术”及“专业技能”，而是有着特殊的内涵。在儒家看来，学习是“明理”、“求道”的途径，是修身及完善道德人格，提升生命境界的过程。

传统中国有一种好学、尚学的传统。中国人对学习有特殊的理解：圣人被称为先师；书院被称为道场；值得敬重的家庭称为书香门第；读书人才能做官，并且以科举为荣，以世袭为耻。中国传统社会是一个“学治”社会，对学习情有独钟。世界上没有哪个国家像中国一样喜欢学习，崇尚学习。

以孔子为代表的儒家，更是把学习放在首位，视为人生第一要务。对于儒家而言，“学习”有着特别的内涵，与我们今天通常所理解的“学习”是不一样的。《论语》开篇就谈学习，那么，孔子是怎么看待“学习”的呢？

在儒家看来，学习的目的是“求道”，是学习“做人、做事”的道理，而不仅仅是对知识和技能的获得。学习的目的就是提升生命境界，完善道德人格；是明理尽性，变化气质之性，恢复天地之性，使自己的良知得以呈现。并在此基础上，积极投身到家国天下的社会实践中，为国家民族及天下百姓的利益奉献自己的一切。从而实现“修身、齐家、治国、平天下”的人格理想与社会理想。

荀子说：“学不可已也”。学习是贯穿生命始终的，学习是一种生活方式，是一种生命常态。“活到老，学到老”。

“子入太庙，每事问。”(《论语·八佾》)

“十室之邑，必有忠信如丘者焉，不如丘之好学也。”(《论语·公冶长》)

学习，贯穿着孔子的整个生命历程，孔子学无常师，不耻下问，终身好学。正是这种好学的精神成就了孔子的圣人气象。

子夏曰：“仕而优则学，学而优则仕。”(《论语·子张》)

工作和学习是分不开的，“行有余力，则以学文”，工作之余，努力学习；读书之余，勤于实践，注重事上磨练。

修身学习，都要成为制度，这是儒商企业员工圣洁生活的重要标志。企业要根据自己的具体情况定期安排和组织管理人员及员工学习。学经典，学圣训，学做人做事的道理。要组织员工定期进行学习交流，汇报学习情况与学习心得。有条件的要延请专家学者为员工授课，对员工及管理人员进行系统培育和教化。只有勤于修身，潜心向学，才能逐步完善自己的道德人格，提升自己的生命境界。

6. 圣训制度

教化是宗教特有的社会功能，圣训制度就是儒教实施教化的重要制度。儒教治世，德主刑辅，教主法辅，治教一体。依儒教教义，对百姓施行教化，是经国治世的大根大本，法制刑律尚在其次，仅是教化的辅助手段。

“圣训”就是圣人的训诫。儒教《圣训》系根据儒教经典义理，结合中国国情，由儒教学者编写。儒教“圣训制度”是儒商企业实施教化的具体制度。儒教经学浩翰，义理深奥，非穷毕生精力不能治其学，得其道。故立圣训制度，实施教化，以为方便之门。通过对“圣训”的学习与践行，即可让员工得到教化，实现道德人格的完善，从而建立“教化行而习俗美”的良性社会秩序。

儒商企业要把对《圣训》的学习当做一件重要而长久的大事来对待和安排，要建立学习《圣训》，实践《圣训》，推广《圣训》，传播《圣训》，以《圣训》教化员工的“圣训制度”。还要延请专家学者向员工讲解《圣训》，要组织员工在晨课上诵读《圣训》。全体员工要恪守《圣训》，并在理解《圣训》的基础上，自觉按照《圣训》立身处事，修身修德。圣训制度系儒商企业实施教化最为重要的制度。

7. 儒戒制度

“儒戒”，就是儒教圣徒循天理遵天命所持的戒律。守“儒戒”，是创造儒教圣洁生活的前提条件，是儒教圣徒实现道德人格和生命完善的必由之路。传统儒教对人的行为有严格而细致的规范，有许多戒律，礼教森严。其基本目的就是让人的一言一行都符合天理人情，让所有的人都别于禽兽而有士君子之行，从而实现道德人格的完善，创造圣洁的世俗生活。

现代社会虽有别于传统社会，而天理人情却是恒常不变的，道德人格的完善与圣洁生活的创造，在现代社会同样是必须的。因而，在现代社会持守戒律，对人的行为进行规范，也是必要。《儒戒》，凡二十条，系依儒教教义，因时所订。儒商企业员工及儒家价值的信奉者，理当谨遵恪守《儒戒》。恪守《儒戒》是儒商企业圣洁生活的底线。

儒教圣训

夫先王治世，不以法令为亟，而以教化为先。如徒恃法令而不行教化，是舍本而逐末也。方今之世，西风日盛，民俗凋败，人心工诈，狱讼不已。惟兴圣教，尚德缓刑，方能化民成俗，以致人心醇良。谨依圣教教义，辑《圣训》凡一十六条，垂为世法，以为民守。盖合于时中者，即为至善。易简之善，以配至德。凡我天子圣徒，铭记于心，谨遵恪守，笃信力行。

钦哉！

敬天地以定民志　崇正学以安人心

尊先祖以明根本　敦教化以厚风俗怀家国以亲万民　行孝道以重人伦

讲辞让以隆礼仪　睦邻里以息争讼

训子弟以成忠良　务本业以足衣食

尚节俭以戒奢华　灭贪欲以远腐败

倡公廉以正吏习　笃诚信以守商道

体万物以惜环境　守法律以全秩序

儒　戒

夫所以害吾身心者，私欲也！私欲者，万恶之所由生也。若任由私欲主宰，则人与禽兽无异。惟制之戒之，方能存善去恶，良知呈现，以致尽性成德。谨依圣教经义，辑《天戒》凡二十条，垂为教律，以明天秩天序。凡我天子圣徒，谨遵恪守，力行勿违。

钦哉！

不慢天，不谤圣

不奸淫，不偷盗

不侮亲，不损人

不赌博，不醉酒

不贪污，不害公

不奢侈，不吸毒

不欺诈，不恶语

不入异教，不拜异神

不立危墙，不避义死

不食珍稀动物，不毁生态环境

儒商企业人才晋升制度

一个良性的企业必须拥有一个良好的人才升层通道，以便让人才脱颖而出。在儒家看来，一个企业也好，一个机构也好，一个国家或者社会也好，其内部结构，都是有等差的，人们在其中的位格、等级、尊卑都是不一样的，不同位格，其职务、权力、待遇、荣誉、地位都不同。由于这种等差形成了上下、尊卑、贵贱的人伦关系。在儒家看来，只有做到每一个人都能够各正其位、安分守己，才能形成良好的秩序，从而达至管理的最佳效果。

当然，这种等差和位格之分，不是永恒不变的，等差和位格是可以变化的。居下位者应该有机会升到上位，而居于上位者也应该有一种机制使其落入下位。位格等差变换的依据和标准只有一个，那就是"德才"。按照儒家的义理，有德者贵，无德者贱；贤者尊，不肖者卑；有能者贵，无能者贱；才高者尊，才不足者卑。一个良性企业必须要有一个良性的人才选拔通道，让有德有能者，让德才兼备者能够居于上位，居于高位，拥有更大的管理权力，享有更多的荣誉和回报，这就是儒家所说的"福德一致"的管理机制。如果一个企业让无德无能者居于尊位，掌握管理权力，享有更多的回报，那么这个企业就不具备良性的升层通道。良性的人才升层通道是儒商企业人力资源管理中最为重要的机制，这一机制将通过一系列的制度来进行保障。

1. 企业科举制度

科举制度在中国从产生到逐步完善，有近 2000 年的历史。它是中国传统社会政治生活中重要的人才升层通道。由于有了科举制度，使得中国传统社会的用人机制极端开放，它能够保证人才不论出身、贵贱、贫富，都能够平等公正地竞争，并量才录用。

所谓"科举"，就是分科取士，即用考试的方式分科取士，择优录取。科举制度最大的特点，就是注重德才兼备，一视同仁，平等公正。其考试内容一方面是以四书五经为代表的圣人之学，圣人之道；另一方面是专业知识和素质能力的测试。“朝为田舍郎，暮登天子堂”，“十年寒窗无人问，一举成名天下知”。在科举制度下，社会最底层的最贫穷的人，地位最低下的庶民百姓，都能够通过科举这一个升层通道，一步登天，上升到社会位格当中的最高层。

企业的管理跟一个社会和国家的管理一样，也必须要有一个良性的，公平公正的升层通道，来保证全体员工都有平等的机会通过这个人才通道上升到各级管理层。这样才能做到人尽其才，物尽其用，才能够为全体员工提供一个公平公正的发展平台，形成一种良好的生机勃勃的用人机制。

企业科举制度就是借鉴传统科举制度的模式，通过考试的方式来综合测评员工的德才。考试的内容分两个方面：一个是“德行科”，以圣人之学圣人之道以及员工的道德行为规范作为考试的内容；另一个是专业分科，根据不同的工作性质，分科测试员工的专业技能和综合能力。企业可以根据自己的经营特点来进行分科，比如，可以分为：生产、营销、行政管理、后勤管理等科。要让企业科举成为一种固定的制度，每 3 年举行 1 次，全体员工都可以根据自己的工作性质参与科举。择优录取，量才录用，择人任事。

2. 企业荐举制度

荐举制度也是中国传统的用人制度之一。所谓荐，就是推荐。这一制度也是山西晋商 500 年历史中最重要的用人制度。

荐举制度的实施，不是说每一个人，或者不相关的人都有资格来推荐人才。它是特指由企业内部身居要职的高层管理人员，向企业推荐德才兼备的管理人才，推荐的人才将会得到企业的重用。由于企业对人才本身不了解，所以推荐者必须承担相应的连带责任。如果被推荐者德行不够，给企业造成伤害，或者被推荐者能力不够，不能胜任本职工作而给企业造成了损失，那么推荐者必须承担连带责任。如果造成了经济损失，推荐者要负连带赔偿责任；如果造成了其他方面的损失，推荐者将会受到罚款、撤职、降薪、取消退休金等连带责任。

这种制度有如下的优点：第一，由于推荐者比较了解被推荐人，企业容易获得真正的人才。第二，被推荐人和推荐人之间相互了解，甚至有感情基础，工作更容易沟通，便于形成合力。第三，由于责任连带，将由此产生一个源自管理团队内部的相互监督和制约的机制。

3. 企业察举制度

察举制度也是中国传统的政治制度之一。是指高层管理人员，或者专门的监察人员到基层调查了解，有针对性地进行明察暗访。在被查者不知情的情况下了解德、能、勤、绩诸方面的情况，根据所了解的情况对被查者进行综合评价，最终择优录取，择人任事，把优秀者破格提拔到重要的管理岗位上。由于是破格提拔，被提拔者将会更深切地体会到企业及高层对于自己的特殊眷顾和信任，会因此而增强被提拔者的忠诚度和感恩之心，从而使其在工作中发挥出自己最大的潜力。

由于是明察暗访，被查者是在不知情的情况下，没有刻意的表现，这样更能够了解被查者的真实状况，对其德、能、勤、绩的考察结果，可信度比较高。同时，由于察举成为一种公开的制度，每一个员工都将会怀着一种被察举、提拔、任用的心态，能够自觉、主动地在工作中按照德才兼备的要求，去表现自己，约束自己。企业同时也要给每一个员工，给每一个自觉严格约束和要求自己的人以被察举的机会。察举的方式是暗中和私下的，但是，察举的制度和具体内容却是公开的、公正的、恒常的和制度化的，而不是偶然的。

4. 企业竞选制度

竞选制度是西方现代民主政治的产物，但是也不失为一个优秀的制度和良性的人才选拔通道。所谓竞选，就是公开的竞争选举，由民众或者专门的评议机构来公开评议、投票、选举。这是一种公开、透明、公平的选举制度。企业每一个员工都有选举权和被选举权，都可以有平等参加竞选的资格，公司的一些重要职位可以通过竞选的方式，在企业内部选择和任用管理人员。

参选者必须首先通过候选人资格认定，成为候选人，然后再通过竞选演说的方式，阐明自己的工作计划、方案以及管理预期和愿景，并通过竞选的形式展示自己的德才和素质。竞选制度由于其公开性、开放性、民主性，它足以调动员工的参与热情，激发员工的工作积极性，有助于形成良好的工作氛围，能够使有德有才者以自我推荐的方式展示自己的才能和素质，让一部分优秀人才脱颖而出。

5. 企业轮岗制度

轮岗制度是中国传统文官制度当中最为重要的制度之一，古时候的官员经常性处于轮岗状态。企业轮岗制度是指在大中型企业里，中高层管理人员在每一个岗位的任职期限，都是有限的，到了一定的时限，各个岗位的管理人员必须轮岗，进行岗位交换。

这样做有如下好处：第一，避免一个管理者在特定的岗位上呆的时间太长，让这一岗位的所有资源长期掌握在某一个管理者手中，容易形成强大的地方势力、部门势力，形成尾大不掉之势，同时也容易滋生腐败。通过轮岗的方式就能够改变这一状况。第二，通过轮岗的方式，让中高层管理人员对每一个领域、每一个部门的工作都能够有所了解和认识，对企业的总体生产经营和管理状况有一个全面的认知。这有助于管理人员积累各方面的管理经验，掌握方方面面的资源；让管理者都能成为一个通才，而不是部门专家。这对于培养和塑造一支优秀的管理队伍至关重要。

中国有一句古话：铁打的衙门，流水的官。讲的就是这个道理。职位是不变的，管理者却像流水一样在流动和变化。企业的高层管理人员必须在企业绝大部分重要岗位上轮流任过职，这应该成为企业高层管理人员任职的重要条件。

6. 三级雇用制度

近现代常见的企业雇用制度，有西方合同聘用制及日韩等国实施的终身雇用制。合同聘用制是按照契约原则由劳资双方订立聘用合同，以合同形式界定双方聘期内的职责、义务和权利。合同期结束则双方聘用关系终止。终身雇用制是以日本、韩国为代表的东方企业雇用制度，这种制度下，一旦进入一个企业，只要不违法，不严重违反企业规章制度，只要企业不倒闭，员工基本上不会失业。“终身雇用制”与“年功序列制”、“企业内工会”是日本的重要制度，被目为日本近现代管理的“三大种神器”。

这两种制度各有利弊，合同聘用制把复杂多样的劳资关系用契约形式简单还原成冷冰冰的利益关系、权利关系，缺乏人情味，忽略了人的社会属性、历史文化属性，让人没有归属感，让企业组织缺乏稳定恒久的秩序。

终身制的优点是员工稳定、安全、归属感，稳定员工队伍，防止跳槽，提高对企业的忠诚度，把员工的个人兴衰荣辱与企业的兴衰荣辱关联起来，加强了企业的稳定性，也给社会的稳定性提供了助力。但缺点也不少：人才流动受阻，企业缺乏活力，论资排辈现象严重，影响个性发展和创造力发挥，劳动力成本加大，企业不堪重负。本世纪以来，日本终身雇用制受到了冲击，各大企业相继裁员，据日本劳动省调查表明，不到10%的企业仍坚持实行“终身制”。

儒商企业的“三级雇用制度”以入企时间的长短、员工的德才及其对企业的贡献为标准，把对员工的雇用分成三种等级，不同等级的待遇有所不同。

第一级：学徒雇用期。从员工进入企业起，3年之内，为学徒期。学徒期新员工的重要任务是学习、了解，适应企业工作环境。这一阶段也是劳资双方相互了解的阶段。员工根据自己的了解作出决定，是否正式接受聘用并长期干下去。另一方面，企业也在这一阶段完成对员工的德才两方面的考查，并作出决定是否长期雇用对方。学徒期的薪酬在企业内处于最低档，具体数额由企业根据具体情况来定。

第二等级：正式雇用期。这一阶段自学徒期满开始，为期10年。劳资双方在这一阶段可以签订正式的聘用合同，用详细条款界定双方在聘期内的职责、权利、义务。正式雇用期同工种的工资将远远高于学徒期，员工可享受合同规定内的福利待遇。

第三等级：终身雇用期。这一阶段自正式雇用期满开始直到退休。员工正式雇用期满，经企业综合考评通过，便可成为终身雇用员工。一旦成终身员工，其一身的生老病死都由企业一起承担，可享受终身员工的福利待遇，拥有“身股”的员工还可以参与企业分红。除非本人违法犯罪，背叛企业，或企业倒闭，企业不得轻易解雇终身员工。成为终身员工即意味着进入企业家族行列，成为家族成员，成为企业“自家人”，生老病死，兴衰荣辱都与企业捆绑一起，与企业风雨同舟，甘苦与共。

儒商企业的“三级雇用制度”，是在综合西方合同聘用制、日本终身雇用制及明清晋商和徽商的用工制度后，吸纳了各种聘用制的优点而又克服其弊端的基础上创建的，符合儒家“中道”精神的聘用制度。

7. 复合薪酬制度

薪酬是支付给管理人员或员工的薪水和报酬的统称。根据管理人员或员工对企业的贡献以及他在企业中的名份、地位、资望等不同，其薪水和报酬是不一样的。薪酬制度集中反映出一个企业管理模式的本质特征。儒商企业与西方现代企业相比较，企业管理的目标、手段、途径、特征等都有所不同，因而其薪酬制度也有所不同。儒商企业的薪酬制度是“复合薪酬制度”，不是西方现代企业单一的薪酬制度。复合形薪酬制度有以下特点。

（1）薪酬等级制订的标准是：德、才、能、绩、望、位

德，是指管理人员及员工的道德品质。按照儒家“有德者尊，无德者卑；德高者贵，德不高者贱”的精神，制订企业教化制度及员工德行的测评体系，再按个人的德行高低来确定其薪酬等级。就是说，“道德”将成为衡量薪酬的重要标准。这在西方

现代企业管理中，是不曾有的。

才，是指员工的综合性文化素质。如宗教信仰、人文关怀、文化素质等，这些看上去与专业、技术、能力及本职工作不太相干的知识、文化和素质，恰恰它决定一个人的品质和素养，这是做好一切管理工作和专业技术工作的基本前提和保障。所以，“才”也成为衡量员工薪酬的标准之一。

能，是指管理人员或员工具体做事的能力。在西方管理学通常称为执行力。能够把本职工作及上级或者企业所交付的任务保质保量的完成的人是有能力的人。能力是衡量薪酬等级的标准之一。

绩，就是通常所说的绩效、成绩，也就是工作的直接效果。这也是薪酬标准之一。

望，是指管理人员或员工在长期的工作、学习和生活中，由于其德、才、能、绩多方面因素所带来的自己个人在企业内部的资望。望重者尊，望不及者卑；资深者尊，资浅者卑。所以资望将成为员工薪酬的重要标准。

位，就是职位的高低、轻重，都将会成为衡量员工薪酬的重要标准。位高者薪酬高，位卑者薪酬低；位重者薪酬高，位轻者薪酬低。

（2）薪酬的复合型构成：由薪俸、奖金、股红等多种薪酬形式构成

薪俸，就是通常所说的工资、薪水、俸禄。这是相对比较固定、恒常的薪酬部分。根据员工德、才、能、绩、望、位等标准的综合评价，拟定员工的薪俸标准。

奖金，是对员工德、才、能、绩、望、位诸方面有突出表现

和特殊贡献的人，进行的薪俸以外的专门奖励。西方现代企业的奖金主要是针对绩效而言，因为它是功利性的。

儒商企业的奖金，根据其复合形的标准，其奖金制度也是复合型的。在德、才、能、绩、望、位诸方面都会有奖金及不同的奖励等级。

在德行上有突出表现的员工或管理人员，企业将进行奖励。例如特别守孝道的员工；对企业异常忠诚的员工；明上下尊卑恪守礼仪的员工；极力维护企业荣誉和公共形象并卓有贡献的员工；能够和领导、下属、同事、客户最大程度和睦相处的员工等等，这些都属于在德行上有突出表现者，都应该得到企业的奖励。又如在“才”方面，能够抓紧业余时间学习，提高自己的综合文化素养，虔诚信奉圣人之道，努力提升自己文化修养和品位而又有突出表现者，也应该得到奖励。这方面企业可以制定专门的教化课程、修学课程，并进行定期考试和测试，对成绩优异者给予奖励，这样的奖励也可以跟企业的科举制度、荐举制度等人才升层制度相关联起来。奖励的方式也不光是物质上的奖励，还有精神上的奖励，还有职位升迁意义上的奖励。同时，奖励的对象除了员工本人以外，对于员工的父母、家属也应该酌情给予奖励。总之，在德、才、能、绩、望、位诸方面有突出表现和特殊贡献者，都应该受到奖励。这样的奖励要通过制度化的手段来落定。

股红，儒商企业所讲的股红与西方现代经济制度中的股份制分红有所区别。儒商企业的股红是人生顶股制度意义上的分红，人生顶股制度源于中国古代晋商的管理制度。晋商，是中国明清时期的重要商邦，“足迹遍天下，辉煌五百年”，人身顶股制度就是晋商的创造，这一制度具有中国特色，与中国文化一体相融。该制度把股份分成两个部分，一部分为“银股”，另一部分为“身股”。银股即依据投资人（东家）所投入的资金多少而占有的股份。身股即掌柜、伙记等管理者与执行人按各人劳动力顶股（俗称干股）。银股与身股享有同等分红的权利，身股以持股人的职位、能力、资历不同而不同。

身股制度的实施，标准着“人力”正式成为资本，并参与企业分配，这是一种重要的激励机制。企业员工只要顶上身股，成为股份持有者，就成为企业股东，即由被聘用的受雇身份变成拥有股份的管理者。这种身份地位的转变，从所有制与分配制方面极大调动了管理者的主动性、积极性和创造性。它打破了“出资——产权——分红”的模式，使身股制度不仅成为一种收入分配制度和激励机制，同时又是一种能够良好协调劳资关系的制度。

通过产权及分配结构的调整，使广大员工尤其是管理层联成一个整体，树立其主人公精神，让员工以主人的身份而不是受雇者的身份参与到企业的经营和管理中来，真正做到以企为家，以企业的愿景为愿景，以企业的兴衰荣辱为自己的兴衰荣辱，把自己的命运、情感、精神、荣誉同企业捆绑在一起，从而付出全部的忠诚。

身股原则上每个员工都有机会获得，其获得的机会是均等的。但实施上只有少部分人能获得，主要是中高层管理人员、企业家族核心成员、技术和业务骨干、德才兼备的资深老员工等，才有资格获得顶身股。

(3) 薪俸的类别：常俸、亲俸、燕俸、阴俸

常俸，就是我们通常所说的基本工资，按常规所发放的那一

部分薪俸。常俸由德、才、能、绩、望、位等标准来拟定。

亲俸，就是发放给员工父母或家属的薪俸。亲俸由企业直接发放给员工父母或家属。亲俸的标准将根据员工本人及家庭的具体情况来拟定。基本标准是家贫者高，家富者低；困难者高，不困难者低。无父母者、未成家者、无子女者、独身者，不能享受亲俸，父母有退休工资者、配偶有职业者不得享受亲俸。

燕俸，燕就是闲居，燕俸指的是企业终身员工退休以后的薪俸，按现在的话就叫退休工资。享受燕俸者必须是企业的终身制员工。

阴俸，就是员工去世以后，其父母、家属或子女在相当长的一段时间内，所享受的特殊补贴。阴俸的多少及发放时间长短因人而异，将根据具体情况具体拟定。阴俸主要用于员工去世后父母的养老、家属的困难补助、未成年子女的抚养等。

第5章

儒商企业家修身方法

在儒家看来，管理者必须是一个人格健全、内心善良、良知呈现的人，没有德行的人，道德修为不够的人，是没有资格做管理者的。所以从这个意义上讲，儒家的管理是士君子的管理，是圣贤的管理。修身，是管理者的自我管理，是管理者取得管理资格的必由之途。修身，是儒商企业人力资源管理中最为重要的内容。

所谓修身，就是儒商企业家对自己身心的修养、修炼，是其恪守儒教道德，创造圣洁生活，实现理想人格以达至生命完善的作圣功夫和践履过程。儒教的修身，既包含心性的修养，精神生命的提升，道德人格的塑造，也包含对人的身体的修炼，是身心双修。与别的许多宗教不同，儒教并不把肉体生命视作精神灵魂的累赘和枷锁，也不把尘世生活及伦常俗务视为成道的障碍。在儒教看来，精神的升华并非必须脱离肉体，成道开悟也无须弃绝尘世，脱离伦常俗务，不食人间烟火。儒教既是出世间法，也是入世间法。故此，儒教在个人修养方面，注重身心双修与“事上磨炼”。以“修身”二字表达体道悟道及心性修炼和理想人格塑造，充分体现出儒教对于生命实践的中和精神。

千百年来，儒教先圣先贤都非常重视修身，并于修身之道多有阐释。据此，归纳如下九条修身之法，以供儒商企业家因循。

立志成德

圣人说：“三军可夺帅也，匹夫不可夺志也”。志，就是志向、志愿和志气，是一个人立身处世的意愿、决心和气概。人不可不立志，立志是修身成德及自我完善的首要条件。

“志意修则骄富贵，道义重则轻王公。”（《荀子·修身》）

宏远的志向，执着的意愿，高洁的志气，是实现理想人格，提升生命境界的保障。儒家所谓立志，并非指世俗意义上的功名利禄之志，而有其特殊的内涵。立志成德，是指一个儒商企业家要立下宏伟的志向，成就“士魂商才”的理想人格；实现儒商企业家“修齐治平”、“兼济天下”的道德生命与事功伟业。

由此可见，一个儒商企业家所要立的是“独善其身”与“兼善天下”之志；是道德生命完善，成就商界君子人格之志；是“希贤希圣以希天”之志。一个儒商企业家，就要做到“以财发身”，要用自己的辛劳和智慧创造巨大的财富，然后“博施于民”，用自己的财富兼济天下，为家国天下的公益事业作出贡献。从而完善自己的生命人格，实现自我的价值。这样的志向和德行才是儒商企业家应有之志，应有之德。

只有具备了这样的志向和德行，一个商人才具备了成为“企业家”的资格，否则，纵使身价亿万，也只能是个财主或“老板”，而不能称“企业家”。企业创办者及管理者的生命格局和气象决定一个企业的格局和气象！当一个企业完成原始积累过程而走向新的发展阶段后，其商业行为和市场竞争就是管理者生命人格及个人魅力的竞争，是企业文化的竞争，是员工德才及综合素质的竞争。故此，管理者的生命境界、道德人格就成为决定企业兴衰的主要因素。

没有宏大高远的志向与气概，就无法成就伟大的道德人格，无从实现崇高的生命理想与社会理想，也不可能造就第一流的企业和企业家。故此，儒商企业家以“立志成德”为修身第一要法。

潜心向学

潜心向学，努力学习，逐步充实和提高自己，这是儒商企业家修身的重要途径。千百年来，儒家历代圣贤都非常重视学习，始终把学习放在首位，视为人生第一要务，儒商企业家也不例外。

在儒家看来，学习是“明理”、“求道”的途径，学习的目的是“求道”，是学习做人做事的道理，而不仅仅是对知识和技能的获得。对于一个儒商企业家而言，只有通过学习，才能明理；才能提升生命境界，完善道德人格；才能变化气质之性，恢复天地之性。学习是一种生活方式，是一种生命常态，要“活到老，学到老”。儒商企业家应该学习什么呢？又怎么学习呢？

首先，对于儒商企业家来说，“学习”有着特殊的内涵和专门的规定性：“学习”不仅仅是指学习“知识文化”，学习“科学技术”，学习“专业技能”，更主要是指学习“圣人之道”、“圣人之学”；学习做人做事的道理。学习就是“明理”，是“求道”。学习就是“明明德”、“致良知”、“格物致知”、“修齐治平”等。

学习就是要通过“格物致知”的工夫，穷理明理。“格物”

就是充分认识和了解宇宙万物，人间万象，去穷尽其中的道理。“致知”就是获得智慧，让自己聪慧明达，能够明辨是非善恶。

其次，学习要勤于思考，做到“学思结合”。

> 子曰：“学而不思则罔，思而不学则殆。”（《论语·为政》）

学习，要勤于思考。只学不思，就会迷茫。就不明白学习的意义和目的，就不能够真正做到明理尽性，明辨是非。只思不学则心高气傲，志大才疏。最终“好行小惠”。一个儒商企业家要有博大的胸怀，崇高的理想，要有大智慧，要透彻人情事理。这些都要从学习和思考中来。

学习和思考是一个儒商企业家所必备的两种品行。笃学好问，勤思不已，才能日有所进。“学而时习之，不亦悦乎！”只要把学习和思考当作我们生活中的一件乐事，就能在学习和思考中得到一种精神上的享受。这样就能通过一种日积月累的治学工夫而穷尽天下事物之理，达至一种“极高明”的“致知”境界，从而使自己修身有成。

第三，要“不耻下问”。

> “敏而好学，不耻下问。”（《论语·公冶长》）
>
> “子入太庙，每事问。”（《论语·八佾》）

学问学问，既学且问。不问，无以成学问。善学者，必善问。“不耻下问”，就是要不以向不如自己的人问学为耻。以孔子之智，孔子之贤，尚且不耻下问，常人可想而知。

第四，要进行“事上磨炼”。

所谓“事上磨炼”就是指学习要积极践行，要在自己的经营管理实践中，在社会政治生活中，在家国天下的公益事业中去磨炼自己，锻炼自己。要积极入世，建功立业，为企业，为员工，为天下百姓，为国家民族做出一番轰轰烈烈、名垂青史的事业。

子曰：“吾少也贱，故多能鄙事。”（《论语·子罕》）

孔子从小就不是一个只会读书的迂夫子，而是一个善于动手理事，富于行动智慧的思想者和实干家。

阳明先生讲：“知行合一”，“知是行之始，行是知之成；知而不行，只是未知。”知道了，明白了，就要去做，去实践。只知不做，只知不行，就不是真知。一个儒商企业家，要在生活中，在经营管理工作中，在社会实践中去学习磨炼和体悟圣人之学、圣人之道。潜心向学，这是儒商企业家的修身之法，入道之门。

明理尽性

理，就是天理，是人情事理。明理，就是究明天理，通达人情事理。万物禀天理而自成其性。性，即人性、物性。

“理也者，形而上之道也，生物之本也。人物之生，必禀此理，然后有性。”（《朱子语类》）

“穷理者，欲知事物之所以然与其所当然而已。知其所

以然，故志不惑；知其所当然，故行不谬。”（《四书集注·大学》）

明理，就是要究明天理人情，要“知事物之所以然”。究明物理事理，以明人道，明人道以明天道。朱子说，明理则“志不惑，行不谬”。唯有明理，人们方能明辨是非善恶；唯有明辨是非善恶，人们才能知善知恶，为善去恶。这是儒商企业家成己成德，修身践道的必经之途。

穷理有一个日积月累、循序渐进的过程，是日积月累的基础上豁然贯通的。天道天理不离伦常日用，明理应在日用常行中下功夫。横渠先生说：“明庶物，察人伦，皆穷理也。”

明理，方能尽性。性，即“人性”。尽性，就是让人自身所固有的光明德性及善的本性得以彰显和呈现。尽性，《大学》称之为“明明德”，阳明先生称之为“致良知”。“明明德”就是让光明的德性得以彰显，“致良知”就是让良知得以呈现。

人性就是天赋之性，是“天性”。人之性，受之于天，禀天理而成。天道与人道相通，天理与人性相符。天道本于仁，因而人性亦本于仁。仁义礼智之性及其所发之“恻隐、羞恶、辞让、是非”四德，是人之所固有，是人得之于天赋者。这就是人的光明德性，是神圣的天赋的善的本性，横渠先生称之为“天地之性”。尽性，就是要让这种天赋的“仁义礼智”之性充分彰显出来。那么，又怎样才能让这种天赋的善的本性充分彰显而达至“尽性”的目标呢？

欲达至“尽性”的目标，实现道德人格与精神生命的完善，就必须如荀子所说的那样，要“化性起伪”，通过教化与道德践行等后天的人为努力，变化自己的“气质之性”，恢复“天地之性”。

“形而后有气质之性，善反之则天地之性存焉。”（《张子正蒙·诚明篇》）

儒商企业家不同于普通的商人，他必须是明理尽性，道德人格高尚的人，必须是对家国天下关怀的企业家。要达至这样的境界，就必须变化“气质之性”，而复“天地之性”。唯有明理尽性，方能为善不已，集义不息，实现儒商企业家的完美人格。

操持敬畏

孔子说：“出门如见大宾，使民如承大祭”，这就是持敬。持敬，即操持庄敬之心，保持恭敬之态。持敬是儒教重要的修身之法，自孔子以降，儒教历代先圣先贤都非常重视“持敬”。尤其是宋明儒，更是将“持敬”视为“入德之方，人事之本”。

“敬者，收敛而不放纵也。”（《朱子语类》）

“入道以敬为本”，“言不庄敬，则鄙诈之心生矣。”（《二程集》第一册）

敬，“无敢慢”而已。敬就是对人、对事、对物均持庄敬之心，恭敬之态，不敢有丝毫怠慢。不敬，则“生鄙诈之心”，败德害理之行都由此而出。故此，儒教把持敬视为百善之始，万德之源。能持敬，就能够循人道事理，明天道天理，一言一行，一举一动无不中道。故朱子说："敬则万理俱在"，"敬则天理常明"。

畏，就是畏惧，就是战战兢兢，如临深渊，如履薄冰。一个人必须要有畏惧之心，不能天不怕，地不怕。

> "君子有三畏，畏天命，畏大人，畏圣人之言。"（《论语·季氏》）

对一切神圣、伟大而崇高的事物，我们都必须保持敬畏。神灵、天命、天理是神圣的，我们必须敬畏；大人，是以天地万物为一体之人，是至公无私之人，是崇高的，值得我们敬畏；圣人代天立言，圣人之言即是天言，我们理应敬畏。

一个儒商企业家，必须操持敬畏之心，不慢天，不谤圣，不侮人。要对神灵、天命、圣人之言、他人、下属、员工都要持敬畏之心。持敬畏之心，恭敬之态对人、对事、对物，则可明理入道，身可修，而事可成也。

致诚守信

"诚"是儒教的重要德目，"致诚"则是儒教主要的修身方法之一。何谓"诚"？"诚"，即虔诚、诚实、诚信、忠诚、诚恳之谓，有虔敬执着，真实无妄，守信不背，恳切不欺等多重含义。二程子说："真近诚，诚者无妄之谓"。以虔敬之心，笃信上帝，是“诚”；立身处事，应事接物真实无妄，是诚；与人交往，守信不背，也是诚。

濂溪先生曰：“诚，五常之本，百行之源”。诚，在儒教看来，是重要的道德，是人们立身处世应遵循的根本原则，是仁义礼智之性得以成就并落实于社会的前提。致诚，方能进德趋善；不诚，则万有皆虚，万行皆伪。致诚，方能行仁义礼智之性，守“五伦”之道，成“四端”之德。不诚则仁不能守，义不能集，礼不能循，是非不能明。“不诚，无以为善；不成，无以为君子。”人不守诚，则父不慈，子不孝；君无礼，臣不忠；夫无义而妻不贞；朋友无信，相互背叛。不诚，则为官者欺上瞒下；为商者制假贩假；为学者假文伪道。如此，则人心无善，社会无序，天理不存。可见，守“诚”，于己于人于社会，都是至关紧要的事。故儒教视“诚”为至德要道。

“诚者，天之道也；诚之者，人之道也。”（《中庸》）

诚，是天道天理。无诚，则天道不行，天理不存，人道尽废。人不守诚，则无异于禽兽。诚之为道，至大至重，至紧至要。故儒教列“诚”为《大学》八条目之一，视为修身要道。朱子以“诚”为“天理之本然”，阳明子则以“诚”为“心之本体”。理学，心理，虽进路不一，都视“诚”为本体。“致诚”是立身行道的根本，是修身成德的关键所在。

二程子曰：“道之浩浩，何处下手？惟立诚才有可居之处。有可居之处，则可以修业也。”（《二程集》第一册）

立诚，致诚，是循道之径，入德之门；是立身处世的大根大本，是修身进德的重要大法。致诚，即能穷理尽性。欲致其“诚”，必以信仰为前提。“诚之之道，在乎信道笃。信道笃则行之果，行之果则守之固”。信仰是致诚的前提条件，不信仰昊天上帝，不信仰天道天命，不信仰圣德王心，就不可能有至诚之心，自然也就不能穷理尽性，不能入道成德。故此，欲修其身，必先致其诚；欲致其诚，则须归儒宗孔，信仰圣教。一个儒商企业家，须以诚立身，以诚修身，以诚做人，以诚经商。如此，方能成己成德，兼济天下。

克己寡欲

《书经》曰：“惟天生民有欲”。欲望，是人性本然。昊天上帝化生人类时，就赋予了人以“人欲”之性。二程子曰：“饮食男女之欲，喜怒哀乐之变，皆其性之自然”。人欲，是自然之性；人生而有欲，是自然之理。

人欲虽是自然之性，但也是万恶之源。人若为私欲所蔽，其良知明德就不能够彰显。良知不现，明德不显，就不能去恶从善。故此，儒教非常重视“人欲”的问题。力求明“理欲之辩”，倡导以理制欲，用天理来制约人欲。理，即天道天理，落实于世间就是人伦之本，是“五常”、“四端”之道。

以理制欲，明“理欲之辩”，就是要辨明天理与人欲之间的关系，要以天道天理来制约人的欲望。寡欲，就是克制人的欲望。要让人欲保持在一定的限度之内，不能任由人欲横流猖獗，主宰我们的生命和社会。人欲横流，则良知泯灭，人之行止无异于禽兽。如此，则天理不存，人道尽废。

孟子曰："养心莫善于寡欲"。私欲是"道之大贼"，人若被私欲所蔽，就不能见道。故儒教明"理欲之辩"，倡导"克己寡欲"。尤其是一个企业家，由于拥有巨大的财富，有着满足人欲的物质条件，更容易更有可能为物欲所腐蚀。因此，企业家更应该克己寡欲。

儒教肯定人欲存在的合理性，也高度警惕人欲的负面作用。人欲是自然之性，纯粹灭而绝之是不可能的。但寡欲、节欲是可以做到的。寡欲就是节制人欲，让人欲保持在一定的限度之内。

> 伊川先生曰："礼仪三百，威仪三千，非绝民之欲而强人以不能也；所以防其欲，戒其侈，而使之入道也。"（《二程集》第一册）

灭绝人欲，乃强人所难。儒教的道德教化，礼仪规范，并非是要灭绝人欲，只是节制人欲，防止人欲成为生命与社会的主宰。如果不对私欲进行克制，任由它膨胀横行，人们就会惟利是图，穷奢极欲，就会为利欲而不择手段，无恶不作，无所不为，甚而"夺之于君，夺之于父"，犯上作乱，目无法纪，弃绝人伦。如此，则天理不存，人道尽废，社会失序，家国不宁。故孔子说："克己复礼，天下归仁"。儒商企业家一定要做到克己寡欲，如此，方能明理入道，成已成德。

案例 16　从石崇的下场看"为富之道"

石崇是西晋时期中国著名的富豪，家资巨万，富可敌国。但石崇最终却被押赴刑场，身首异处，落得一个惨烈的下场。石崇之所以落得如此下场，究其根源，有以下几方面的原因：

其一，石崇的财富在原始积累时就带有“原罪”，其第一桶金来路就不正。石崇做荆州刺史时，亦官亦盗，不仅搜刮民脂民膏，而且明火执仗地进行抢劫。“货悖而入者，亦悖而出”。其财富来得不正，去得当然也不正。

其二，石崇为富不仁，伤天害理。石崇宴客时通常都让美人斟酒陪侍，如宾客不饮酒，石崇就会让侍卫把斟酒的美人杀掉。

其三，穷奢极欲，腐败荒唐。石崇的别墅“金谷园”，方圆十里，亭台楼阁不计其数。石崇有姬妾千余人，昼夜声色相接，从不间断，称为“恒舞”。石崇家厕所设施豪华，金碧辉煌，并有十多名女仆侍候如厕，所有的人入厕以后，必须全身更换衣服。石崇还与王公贵戚斗富，无节制浪费，暴殄天物。

其四，骄横犯上，张狂无礼。由于拥有巨万家资，石崇目中无人，张狂无礼。有一次，外国向朝廷进贡珍贵的火浣布，晋武帝用火浣布制成衣衫，并穿着到石崇家，石崇却故意让自己的家奴50人穿上火浣布制作的衣赏迎接晋武帝，让晋武帝感到无地自容。

其五，只知聚敛无度，不知散财于民。石崇敛聚了大量的财富，只知道歇斯底里地消费和挥霍，从不散财于民，不从事公益慈善活动。石崇被押赴刑场的时候，仰天长叹：“我何罪之有？是有人谋夺我的家财！”刽子手回答说：“既然知道，为什么不早早散了呢？”正所谓人为财死，鸟为食亡。

圣人曰：“智及之，仁不能守之，虽得之，必失之。”从石崇的下场和结局不难看出，财富是一柄双刃剑，既能给人带来物质需求的满足，也能给人带来灾难；既能帮助人们实现心中的愿望，也能腐蚀人的精神和灵魂，关键是看我们怎么对待它。一个人必须要树立正确的财富观，要学会驾驭财富而不是为财富所主宰，所腐蚀，所败坏。如果石崇能清心寡欲，克己修身，操持敬畏，做到圣人所说的“富而不骄”、“富而好礼”，他就不会落得如此悲惨的下场。

静定养气

对于修身，儒家有具体的方法，那就是“静定工夫”。修身，作为儒商企业家理想人格得以实现的生命实践，具有心性修炼和身体修炼两个方面。儒家的静定工夫不同于专以养生健体为目标的气功。静定，对于儒教而言，不仅仅指身心的宁静与安定，还有着更为丰富的义理内涵和德性内容。静定既是养生之道，更是成德之方，入道之门。

> “知止而后有定，定而后能静，静而后能安，安而后能虑，虑而后能得。”（《大学》）

静定，是身心两方面的宁静与安定。静则心不妄动，定则志不可移。达至静定的状态和境界，就能够具备恒定的志向，做到心无妄，思无邪，随遇而安。如此，则能明理入道，与天地合德，修得至善之身。静定是儒教重要的“作圣工夫”和修身之法。历代先圣先贤都非常重视“静定工夫”，并在长期的生命实践中总结创造出了儒教所特有的“静定养气”的修身方法。什么是“气”呢?

> “气也者，形而下之器也，生物之具也。”（《朱子语类》）

气，是万物化生的质料，宇宙万物都由阴阳二气交感而生。气聚而成形成象，化生万物；气散而归于太虚，似无而实有。宇宙之中，山川河海、风雨雷电、花草树木、飞禽走兽，无不有气。

养气，是儒教修身的重要方法之一。儒教修身所养之“气”，特指孟子所谓“浩然之气”。何谓浩然之气?

> 浩然之气“至大至刚，以直养而无害，则塞于天地之间”。“配义与道，无是；馁也。是集义所生者，非义袭而取之也，行有不慊之心，馁也。”（《孟子·公孙丑》）

浩然之气，宏伟而刚健，充满于身而流行于天地之间，贯通于万事万物。浩然之气，与天道大义相合而为之助，使人行天道大义于世间，勇决而无所疑惮。浩然之气是长期积善成德的结果，并非偶尔从善行德就能获取的。在人的言行中只要有一丝一毫离经叛道，不合天理大义而愧对良心，人就会气馁。

儒商企业家必须为学不已，积善成德，持之以恒。经长期坚持不懈的修身践行才能够达至坦坦荡荡，大公无私，无所畏惧的崇高境界。如此，才能拥有浩然之气，拥有天地正气。静定养气，是儒商企业家修身成德，完善自我的重要方法。

反省内求

反省，就是对自己的思想言行，所作所为进行自我反思和省察，看看是否有失德之行，违理之言。如果行不中道，有违人伦事理，就必须改过迁善。圣人说：“吾日三省吾身”。可见，待人接物，一言一行，都在反省之列。只有通过不断的反省，不断的检讨，才能做到日有所得，日有所进。如有过错，要从自己身上寻找原因。

孟子曰：“行有不得者，皆反求诸己”。这种“反求诸己”的态度，就是勤于反省，勇于自责的态度。如有过错，有失理之言，失德之行，则要反省内求，从自己身上寻找原因，要严于律己而薄责于人，要勇于改过迁善。君子不饰过，不隐恶，有过必改。人非圣贤，孰能无过？过而能改，善莫大焉！

反省、改过、迁善是士君子的德行，只有时刻反省自己，才能知进退，明得失，别是非。

> “君子博学而日参省乎己，则知明而行无过矣。”（《荀子·劝学》）

时刻反省自己，才能做到自知之明。反省内求，是儒商企业家重要的修身之法，是重要的成德之方和入道之门。儒商企业家要把自我反省、自我检讨作为修身日课。每经一事，每度一日，都要平下心来，反省反省，看看何处有得，何处有失。如有所失，则改过迁善。不文过饰非，坦坦荡荡。如此，则日有所得，日有所进。长此以往，便可修身有成，明理入道。

笃信力行

“笃信力行”，这是儒商企业家立身做人的基本原则，同时，也是其重要的修身之法。笃信，就是坚定不移地虔诚地信仰天道天命，信仰昊天上帝，信仰圣学圣道，皈依上帝，皈依圣教。《诗》云：“上帝临汝，无贰尔心”。昊天上帝全善全德，全知全能，随时随地都在上界监观着我们，我们必须小心翼翼，怀虔诚之心，笃信天命。不可心怀二志，稍有懈怠。

信仰就是“择其善而固执之者也”。对于天道天理，我们必须“固执之”，要执着地坚守、遵循和践行。虔诚的信仰是我们接受圣人教化，成就道德生命和理想人格的先决条件，是我们修身的基础。“信道笃，则行之果；行之果，则守之固”。没有执着而虔诚的信仰，我们的身心性命就没有安立之所，对于天理人伦就不可能“行之果”、“守之固”，修身体道，就是一句空话而无从落实。笃信圣教，守死善道，这既是崇高的德行，同时也是修身之法，入德之方。

力行，就是努力地践行。儒商企业家应该在生活中、工作中去努力践行圣人之道，要将圣学圣道付诸实践。儒教是“入世间法”，具有很强的实践性。儒教不主张圣徒出离尘世，闭门苦修，而主张在伦常日用当中践行圣道，在“事上磨炼”的过程中修身养性，明理入道。儒商企业家要在修身的生命实践中，在家国天下的社会实践中，通过对“道”的践行来成就自己的道德人格。在完善个体生命的同时，完善社会。孔子说“力行近乎仁”，就是这个道理。

要从近处做起，从身边事做起，在日用伦常当中去体道明理。“知”与“行”，是不可二分的，是合而为一的。阳明先生讲“知行合一”，就是这个道理。

“知行本不可离。知是行的主意，行是知的工夫；知是行之始，行是知之成。若会得时，只说一个知，已自有行在；只说一个行，已自有知在。未有知而不行者，知而不行，只是未知”。（王阳明《传习录》）

一个儒商企业家，要坚定不移地信仰圣人之道，要努力不懈地践行圣人之道，做到“知行合一”，方能修身有成，明理入道，在经营活动中成就和完善自己作为儒商企业家应有的光辉人格，从而最终实现“修齐治平”的社会理想。